張道藩回憶錄

文藝鬥士

酸甜苦辣的回味

張道藩・原著
蔡登山・主編

永遠的「文藝鬥士」——張道藩

蔡登山

談到張道藩，人們馬上會聯想到蔣碧薇、徐悲鴻、孫多慈等一些人。蔣碧薇（一八九八—一九七八）出生在江蘇宜興一個世代望族的大家庭裡，十三歲那年由父親做主定下親事。但幾年後，徐悲鴻卻闖入了她的生活。其後，一心想掙脫封建思想束縛的蔣碧薇隨徐悲鴻一起私奔日本東京，然後又同赴巴黎留學。一九二二年，在德國柏林他們認識了青年畫家張道藩（一八九七—一九六八）。徐悲鴻回國後，蔣碧薇還留在巴黎，和張道藩等經常在一起聊天、跳舞，張對蔣殷勤有加。一九二六年二月，張道藩在一封長信中正式表達其對蔣的愛意，蔣予以回絕。此後，張道藩和法國姑娘素珊（中文名：郭淑媛）結婚。一九三〇年，張、蔣、徐三人又一次在國內相逢。徐悲鴻是時在南京中央大學任教，而張道藩已當上了南京市政府的主任秘書。之後徐悲鴻移情別戀愛上他的學生孫多慈，一九四五年，徐悲鴻登報聲明與蔣碧薇離婚，並於次年與廖靜文喜結良緣。而蔣碧薇從此成為張道藩的情婦。素珊在得知真情之後，多次要求張與蔣斷絕關係，但是張道藩卻不予理睬。一九五八年張、蔣關係走到了盡頭，一九六〇年底，張道藩與妻子破鏡重圓。而在之後的時間裡，蔣碧薇把自己一生的戀情寫入了五十萬字的《蔣碧薇回憶錄》中。她與徐悲鴻的婚姻維持二十多年，與張道藩的戀情則長達四十多載，此情綿綿，但最後都以悲劇收場。

張道藩一生官銜太多，曾連任中國國民黨中央委員並任中央常務委員、中央政治委員會委員。在黨務方面，曾任駐倫敦支部評議長、貴州省黨務指導員、南京市黨部委員、江蘇省黨部委員、中央組織部秘書、中央組織部及中央社會部副部長、中央宣傳部及中央海外部部長、中央文化運動委員會主任；在行政方面，曾任廣東省政府農廳秘書、南京市政府秘書長、浙江省政府教育廳長、交通部次長、內政部次長、教育部次長；在教育方面，曾任國立青島大學教務長、中央政治學校教育長；在文化方面，曾創立中華全國美術會，任理事長，創立國立戲劇學校，任校務委員會主任委員，並任其他許多學術文化團體理事長及常務理事。但在他生命的最後時刻，他說：「……我若去了，不要把一些官銜刻在我的墓前，我只希望在一塊石頭上刻上『中華民國文藝鬥士張道藩』幾個字，便心滿意足了……」。是的，從抗戰勝利之後，張道藩逐漸將心力投入文藝界，來到臺灣之後，更是國民黨在文藝政策及執行方面的最高負責人。

一九四九年一月以後，大陸局勢逆轉，四月下旬張道藩從上海飛往廣州。後來在某次中央常會中，提議裁撤「中央文化運動委員會」（簡稱「文運會」），將原有業務歸併到中央宣傳部，結束這個在他手中創設，已有八年多的「文運會」。十二月底，中國廣播公司在臺北改組，他當選為董事長，直到一九五四年五月卸任，他從一個對廣播外行，到奠定堅實的基礎，張道藩功不可沒。

一九五〇年春，他在蔣介石的指示下創設「中華文藝獎金委員會」（簡稱「文獎會」），獎助富有時代性的文藝創作，直到一九五七年七月結束。在七年多裡，獎助作家超過千人，對臺灣五〇年代文藝思潮的形成，產生巨大的影響。同年五月四日，又成立「中國文藝協會」（簡稱「文協」）。先後設置了小說、詩歌、散文、音樂、美術、話劇、電影、戲曲、攝影、舞蹈、文藝論評、民俗文藝、新聞文藝、廣播電視文藝、國外文藝工作、文藝翻譯、大陸文藝工作、文藝研究發展等十八個委員會。他重視青年的文藝教育，他指出文藝最可貴者在創新，創新的希望在青年，他在〈我對文藝工作的體認和期望〉中說：「為了整個文學的前途，文藝事業必須後繼有人。……不是要青年向我們看齊，照著已有的老樣子摹寫，而是要我們看青年人自己的想法和看法是否有新穎的獨特的地方，依循他們才性之所近，來引導他們不斷進步，發展他們的創造力」。同年八月，「文協」和教育廳合辦暑期青年文藝研習會。十月，「文協」成立小組，義務為文藝青年批改習作，而他接任《中華日報》董事長，更增闢中學生週刊，約作家五十人為中學生修改作品。「青年重要。」他總是這麼說。

作家王鼎鈞特別提到青年小說家馮馮的例子，馮馮當時寫了一部自傳體小說《微曦》，長度超過一百萬字，起初，他把這部小說送到《中央日報》副刊，據形容，馮馮把稿子裝在麵粉口袋裡扛在肩上。《中央日報》副刊版面無法容納，勸他精簡成20萬字，馮馮當然捨不得。一九六四年四月，《微曦》由皇冠出版設出版。嘉新水泥公司捐款成立文化基金會，設置文藝獎金，馮馮把《微曦》送去。馮馮出身軍旅，刻苦自修，風度甜美可親，引起董事長王雲五的關注。雲老特別請張道藩負責審查《微曦》，那時張道藩已六十八歲，連年抱病，仍然花了一星期時間，把這部超級長篇一個字一個字讀完，還寫了五千字的「概略」，以便思考衡量，他給《微曦》很高的評價，馮馮得到最高獎金。這一年，馮馮二十七歲。馮馮後來當選「十大傑出青年」。馮馮的成名，是蒙張道藩的肯定有相當大的關係。

作家王鼎鈞又說：「臺灣在五〇年代號稱恐怖時期，政府對文藝作家百般猜疑，而作家多半以對現實政治離心為高，兩者互為因果。道公實在不願意聽到某某作家被傳訊了、某某作家被拘捕了，他曾多次要求政府善待作家，委委婉婉見諸文字：『不要計較他們的小節，待之以朋友，愛之如兄弟，引導他們的趨向，發揮他們的天才，激勵他們的志氣，替國家社會多多效力。』他也非常希望作家換一個眼光看現實政治，有時見諸文字：『在文藝的世界裡，能夠解脫現實的束縛，追求理想的自由，以智慧代替權力，以和諧消融矛盾，以喜樂化除痛苦，以博大的愛心寬容偏狹的憎恨。』」

一九五二年三月，張道藩繼劉建群之後擔任立法院長，迄一九六一年二月獲准辭職為止，歷時九年，這也是他一生當中政治生涯的最高峰。在院長任內，他盡心盡力，任勞任怨，充分發揮議長的功能，也表現了他鉅細靡遺的行政幹才。此外，他大公無私的清廉操守，更贏得全院同仁一致的讚揚。

一九五四年三月，吳國楨在美國提出批判政府的尖銳言論，被稱為「吳國楨事件」。其實吳國楨一直都是蔣介石的寵臣，蔣下野後，吳國楨隨蔣四處行動，作為他的幕僚，出謀劃策，並在一九四九年八月一日成立的中國國民黨總裁辦公室內任職，吳國楨對臺灣政治有所動作，此亦種下了陳誠對吳不滿的遠因。國民政府遷臺後，蔣為爭取美國支持與經援，任命和美國有良好關係的吳國楨出任臺灣省主席兼保安司令、行政院政務委員。然而在韓戰爆發後，美國改為全力支持國民政府並給予美援，吳國楨的地位也因此下降，與蔣經國與彭孟緝的特務系統也不斷發生衝突。一九五〇年臺灣火柴公司總經理王哲甫無辜被捕，吳下令放人。臺灣保安副司令彭孟緝執行蔣經國命令，堅不放人，先判死刑；由於吳的反對，經蔣介石出面，改判七年徒刑。吳國楨已完全無法再與蔣經國共事，蔣中正曾派黃伯度傳話，許以行政院長之職，要吳好好與蔣經國合作，願當院長兼省主席亦可。但吳一概拒絕，偕妻上日月潭，聲言非准予辭職不下山。後來在下山時，吳的座車前輪與主軸聯接的地方，疑似螺絲鬆動，是經人動過手腳，吳國楨幾遭不測。一九五三年四月，吳國楨辭省主席職，同年五月二十四日，吳與妻子前往美國。

一九五四年一月，臺灣傳出吳國楨貪污套取巨額外匯的傳聞，臺灣報紙刊出〈勸吳國楨從速回臺灣〉社論。同年二月九日吳國楨在臺灣大各報刊登啟事駁斥謠言：「此次來美，曾經由行政院長陳院長批准，以私人所有臺幣向臺灣銀行購買美金五千元，作為旅費，此外未由政府或政府中之任何人員批准撥給分文公款，……為國服務三十餘年，平生自愛，未曾貪污，在此國難當頭之際，若尚存心混水摸魚盜取公帑，實際自覺不擠於人類。」並且公開批評國民黨當局，批評救國團、情治單位及蔣介石獨裁，並指出臺灣當時政治的六大問題：一黨專政、軍隊政戰部門、特務問題、人權問題、言論自由與思想控制。美國《紐約時報》、《芝加哥論壇報》、《時代》、《新聞周刊》等著名報刊，無不爭相報導。

與吳國楨同是南開中學的立法院長張道藩，不顧「同窗之誼」，曾三度向行政院提出三次質詢批評吳國楨，罪名包括「擅離職守，拒辦移交，私自濫發鈔票，拋空糧食；並在外匯、貿易、林產等問題的處理上，非法亂紀，專擅操縱，有意地包庇貪污、營私舞弊等」，列舉吳國楨十三條罪狀；但証據明顯不足，僅用「據說」、「據聞」、「據報」等不確定的字眼。陶希聖則發表〈兩把刀、殺到底〉一文，口誅筆伐。吳國楨寫了三封信給蔣介石，逐條駁斥對他的誣蔑。不久吳國楨在美刊出〈上總統書〉，批評蔣介石「自私之心較愛國之心為重，且又固步自封，不予任何人以批評建議之機會。」同時，把矛頭直指「太子」蔣經國，主張將其送入「美國大學或研究院讀書」，否則會妨礙臺灣進步。三月十七日，國民大會更通過決議，要求政府除撤免吳國楨政務委員職務並依法究辦，蔣介石同日並正式發表「總統命令」：「據行政院呈：『本院政務委員吳國楨於去年五月借病請假赴美，託故不歸，自本年二月以來，竟連續散佈荒誕謠諑，多方詆毀政府，企圖淆亂國際視聽，破壞反共復國大計，擬請予撤職處分。另據各方報告，該員前在臺灣省主席任內，多有違法和瀆職之處，自應一並依法查明究辦，請鑒核明令示遵』等情。查該吳國楨歷任政府高級官吏，負重要責職二十餘年，乃出國甫及數月，即背叛國家污蔑政府，妄圖分化國軍，離間人民與政府及僑胞與祖國之關係，居心叵測，罪跡顯著，應即將所任行政院政務委員一職予以撤免，以振綱紀，至所報該吳國楨前在臺灣省政府主席任內違法與瀆職情事，並應依法澈底查究辦，此令。」將吳國楨撤職查辦，並開除吳國楨的國民黨籍。

由於在立法院的精神負擔太重，已嚴重影響他的健康，因此他興起辭去立法院長一職，他說：「我這麼做，既不是矯情，更不是姿態，而是出自真心。因為這個工作，無論和我的性情或是我的志趣，都背道而馳。我最初坐在主席臺上，還能讓自己試作客串的演員或是欣賞的觀眾。但政治是要負責任的，位置坐的愈高，責任負的愈重。我的責任心又很強，不能做到『笑罵由人笑罵，院長我自為之。』」但蔣介石不讓他辭職，他休息了短暫後，只好硬著頭皮，抑制自己的心情，繼續從事沈重的工作。

一九五六年七月，在他六十歲生日過後不久，他呈請中央結束文獎會業務，停辦出版五年的《文藝創作》月刊，並在原址創辦中興文藝圖書館，自兼館長。辦圖書館是他多年來的心願，他把當年在上海、南京、重慶各地出版的文藝書籍，包括左翼作家的作品，約在萬冊左右，整理出來，以滿足愛好文藝的青年的迫切需要。這也成了當時臺灣收藏二、三〇年代文藝作品最多的圖書館之一。

國際筆會一九二二年於倫敦成立，中國於一九二五年加入，總會設在上海，會長由蔡元培擔任，林語堂任執行秘書。但除了一九三三年二月十七日下午以「國際筆會中國分會」的名義，招待過蕭伯納訪華外，該會甚少活動，形同虛設。一九五七年，國際筆會準備在東京召開第二十九屆大會，經駐聯合國教科文組織代表陳源提議，臺灣重建了筆會組織，推舉張道藩為會長，並於同年恢復了會籍。一九五九年，陳源與羅家倫（繼任會長）、陳紀瀅、曾恩波出席了在德國法蘭克福召開的第三十屆國際筆會。

研究者秦賢次認為張道藩對文藝界影響最大的是他的文藝政策觀，他說：「由於他一生在高層黨政界的一帆風順，由於他是國民黨高官中對文藝及文藝工作者最為關愛者，更由於他是國民黨多年來最高的文藝主管。因此他的文藝政策觀逐漸匯聚形成政府當局的文藝政策，從而對文藝界產生巨大的影響。」它具體而微地顯現在一九六七年十一月國民黨九屆五中全會所通過的「當前文藝政策」上。秦賢次認為這是民國以來我國文藝政策的新里程碑。除了確定文藝的基本目標及創作路線外，更重要的是政府要設立專責的文藝機構作為輔導；政府更要設置鉅額文藝基金，列入預算，作為培養人才，獎勵作品之經費等等。這個具有前瞻性的文藝政策，事實上係透過張道藩的苦心策劃，經大會修正通過的。最重要的是，這個文藝政策並不是開過會後就束之高閣存檔了事，後來的發展正顯示它的正確性與可行性。

張道藩說：「我生平為了文藝，在極困難的時候，只好自己站出來打前鋒。俗語說：『出頭的椽子先爛』，這當然是一種犧牲。但做革命的文藝工作，總要有人肯犧牲。——即使入地獄，只要能對國家民族有利，我也要把地獄看成天堂。」這是張道藩對畢生貢獻心力的文藝工作，至死不悔的精神寫照。

一九六八年六月二日，他走完人生最後一程，享年七十二歲。

華仲麐教授這麼評價他：「他在公私情理之間，隨時含有兩種極端矛盾，以致痛苦終身。因為他對社會有極端的熱愛，而又有極端的厭惡；他智慧崇高，頭腦冷靜，能分析觀察事理，同時感情熱熾，天天在自煎自熬；他不肯同化，又無法改造，有心解脫，又不忍割捨；別人所陶醉的高位，他認為無聊，別人所滿足的盛名，他覺得可恥；在不斷追求、不斷希望、不斷搏鬥、又不斷矛盾中，可能會歸於幻滅，而形成這位藝術政治家畢生的悲劇。」

張道藩曾經說：「我徹底反省，生平雖於公德無虧，卻受私情所累。」確實對於美麗、善良、賢淑的元配郭淑媛而言，張道藩是有所虧欠的。自從一九四九年年底，郭淑媛女士就帶著女兒和小姑到雪梨去，生活艱苦得要靠她十指做手工賺錢來教養兩個女孩。直到一九五九年，張道藩才在不斷地自責之下，說：「我自己越想越難受，身為立法院長，讓太太在海外長期受苦，我簡直不配做個堂堂的男子漢！」他終於湊足一筆旅費到澳洲探視妻女幼妹，夫妻此時已闊別九年，但只歡聚兩個月，張道藩因公務在身就回來了。次年妻女返臺定居，一家總算團圓。

一九八一年，張道藩逝世十多年後，因道藩圖書館交由臺北市政府接辦，郭淑媛從美返國，她除了希望道藩先生的精神因這個圖書館而得以流傳之外，她也談道：「張先生留給我的，除了數不盡的愛和回憶，最重要的是『愛國』兩個字。」當年張道藩人在臺北，但他心裡卻惦念著遠在澳洲生活的郭淑媛，她在接受記者訪問說：「他親手從臺灣寄龍井茶給我，郵包上有他的親筆字。」她說著說著，眼睛漲滿了淚水。

《酸甜苦辣的回味》可說是張道藩的回憶錄，其中收錄了〈我怎樣的參加中國國民黨〉、〈編導《自救》的經過〉及〈從抗戰到戡亂筆記的片斷〉等三篇長文，都是非常重要的文章，由作者自己娓娓道來，讓我們在瞭解作者生平事蹟及作品方面有了珍貴的一手資料。為讓讀者對其人有更深一層的認識，我們特徵求文學史料專家秦賢次先生的同意，將他在大著《現代文壇繽紛錄——作家剪影篇》書中，有關張道藩的一篇重要文章〈張道藩的一生及其對文藝的貢獻〉，當做本書之重要附錄。秦先生關於三〇年代中國文學名家傳記的研究及著述甚多，寫作極為嚴謹，旁徵博引。此篇文章堪稱研究張道藩的重要著作，蒙其應允，除以光篇幅外，更能讓讀者能「知人論世」！

目次

永遠的「文藝鬥士」——張道藩／蔡登山 003

第一部：自述

我怎樣的參加中國國民黨 020
一、幼年環境與所受的教育 021
二、祕密加入中華革命黨 023
三、由平津轉往塞外就業 026
四、響應勤工儉學決心赴法 028
五、啟程前晉謁國父求教 031
六、改入倫敦大學習美術 034
七、最後終於同意參加國民黨 037

編導《自救》的經過 040
一、劇本的編譯 040
二、《自救》編成後在首都及各地的公演 046
三、公餘聯歡社戲劇組話劇股的決定公演 052
四、導演顧問和演員的推定 052
五、排演的進行 054
六、公演的準備 055
七、出演 057
八、我們對各界的批評和指教的感謝 058
九、我們的希望 059
從抗戰到戡亂筆記的片斷 061
一、留守南京 061
二、苦難山城 065
三、返黔省親 072

四、宣慰僑胞 074
五、盤縣奔喪 078
六、獨山之役 084
七、勝利收京 089
八、首都撤退 092
九、自穗來臺 096

第二部：雜文

《文藝創作》發刊詞 104
《蓮漪表妹》序 107
《如此結局》序 113
《李百祿先生木思錄》序 115
梁實秋先生譯著書目弁言 117
一個堅苦奮鬥的文化工作者 119

拜師前夕給齊白石的信 123
為向齊白石拜師上蔣總裁書 125
詩一首 127

附錄

張道藩先生事略 130
張道藩的一生及其對文藝的貢獻／秦賢次 133
一、他的一生 133
二、他對文藝的貢獻 151
三、主要參考著作 171

第一部：自述

我怎樣的參加中國國民黨

我出生在貴州西部盤縣城郊一個清寒的家庭。在前清時代地方上的人，雖然都羨慕我們那世代書香門第，卻是暗中又在那裡笑我們貧窮。在我年幼的時候，本族大部分的人還是聚居在北門外崇山營張家坡三大進古老的住宅裡。我們有三個大宅院因此也有三重大門。在那些大門上除了掛著六塊「進士」、四塊「文魁」的橫匾而外，還有滿清皇帝頒賜旌表節孝的「貞壽之門」「德壽雙高」等直形的匾額。第一道大龍門前面是一個大院壩。左右兩邊排著七八對桅竿。那都是祖先們得過進士舉人功名的標記。至於族人當年先後中文武秀才或武舉人那就更多了。由家譜記載裡我知道一百多年以來族中好多位祖先們曾經先後在四川、雲南、浙江、湖北、江西和本省做過官。大官只做到知州、知縣。小官則州判、教諭、巡檢等等都有。我的祖父是個進士，分發在四川。還沒有做到官在他卅二歲時就逝世了。我的父親成了孤兒，自幼失學，雖曾苦讀，後來始終沒有得到過甚麼功名，也沒有做過清朝的甚麼官，但卻教出了許多有成就的學生。

一、幼年環境與所受的教育

我既出生在這樣的家庭，幼時自然免不了一腦子的讀書、求功名和做官的想法。到我十多歲的時候前清的科舉考試廢除了，各省先後興辦了新的學校（當時一般人都稱之為「洋學堂」），我的思想才有一些轉變。我在十四歲以前讀的書就是《千字文》、《龍文鞭影》、《千家詩》、《幼學瓊林》、《對子書》、《四書》、《詩經》等書。當時的老師只教學生們讀而不講。我的悟性又差，所以讀了許多書都不能完全了解，也得不到讀書的樂趣。後來父親教我讀了當時編的許多新知識的書如《啟蒙歌略》、《地球韻言》、《韻史》（以韻文編寫中國簡史）、《萬國都邑歌》等等。因為是韻文，易讀、易記，也容易了解，我才對於讀書感覺有興趣。我以後許多年能夠隨便對人說出任何一國首都的名稱，他們都很驚奇。其實不過是我把《萬國都邑歌》讀得爛熟而已，並沒有其他的奧妙。直到宣統元年一位私塾老師教我讀了兩本虛字會通法（也是當時的新學書之一）和一本短篇論說（記得是邵伯棠著的），我才漸漸的懂得甚麼叫做文章。同時因為對於之，乎，也，者，矣，焉，哉，以及且夫，嗚乎，嗟乎，等等虛字的意義大致有了瞭解，回頭再讀過去讀過的經書也就容易懂得多了。

到了宣統三年我考入了本縣的高等小學，（照當時的學制高小四年畢業。等於現在高級小學二年加上初中二年。）課程中有讀經講經，才有老師給我講解《孟子》和《詩經》。此外還有一門功課叫做「修身」。我記得我所讀的修身教科書是「諸暨蔡元培」著的《中學修身》。這一本書和我以前所讀舊書，以及我所受的家庭教育，使我對於中國固有的道德倫理觀念（譬如忠孝等）有了很多的認識。也對我一生為人處世有很大的影響。從好一方面說，是給我打好了一些中國固有文化的底子。從壞的一方面說使我後來對於西洋文化很感覺不容易接受。這自然就是所謂「先入為主」的關係了。

後來因為族中有兩位長輩在日本留學常常寄回《新民叢報》等刊物，讀了以後增加了不少的新智識。辛亥起義各省先後光復，在國父和各革命先烈先進奮鬥犧牲從事建立中華民國的一段時期間，我由報刊上讀到許多有關革命的文告和通電，使我對於中國為甚麼要革命，為甚麼要推翻滿清帝制政府和為甚麼要建立一個「民國」有了更多的認識。我的思想慢慢的發生了變化。可是當時我絕對沒有想到，後來會參加一種革命團體，成為一個革命黨員。

二、祕密加入中華革命黨

民國成立以後我最崇拜的偉大人物是國父孫中山先生。其次，因為讀新民叢報，由愛其文而敬佩其人的，是梁任公。再其次，因為與自己家鄉有關的，是蔡松坡和唐繼堯。稍後則對黎元洪、黃興也很佩服。以為他們都是了不得的革命人物（可是後來黎元洪使我非常失望）。當我知道我族中有一個在日本參加同盟會的叔叔家瑞，回到本省與王文華先生進行革命工作，反對當時的貴州都督劉顯世，我非常的感覺驕傲。但是使我和革命黨直接發生關係的人，卻是我的家駿七叔。那已是民國五年春季的事了。我民國三年在本城高等小學畢業以後，因為無力量到貴陽升學去進中學或優級師範（每年只不過需費二三十銀元），只有苦悶的待家裡自修。

不久以後，鄰縣普安所屬的鑽子窰地方一個姓易名曉南的紳士開辦了一個私立兩等小學（初級和高級小學），聘我去當教員。此地離盤縣有九十華里。乘滑竿須兩天方能到達。月薪是當時的現銀十二元。（當時物價一銀元可買鷄蛋三百個或最好的煤炭一噸，豬肉兩角錢一斤。）我在不得已而求其次心情下接受了這個職務。於民國四年二月到鑽子窰去教書。那年我十八歲，那是第一次離開父母，也是第一次離開家鄉，同時也是第一次做事賺錢！本城的人因為我能夠每月賺十二塊銀元非常羨慕。我所教的功課是兩級的算術、音樂、圖畫、習字、體操和初級的國文。這些功課，除了體操而外，我都還能夠勝任。因為我自己在高等四年八個學期考試有七個學期考得第一，畢業考試也是第一。那時去教小學正是現蒸熱賣，當然可以應付的。我記得當時最難應付的不是所教功課，而是高級部的幾個比我年紀大三、五歲不等的五、六個學生。有一個年齡廿四歲的學生最會搗亂，事事和我為難，常常提出許多刁難的問題，如果我不能解答或答錯時，他就企圖把我趕走。他這樣一來，倒使我提高了警覺，時時小心準備教材。結果總算沒有被他難倒。其實此人相當聰敏，可惜不知道把他的聰敏，用在用功讀書上，後來終久因為幾乎打死一個同學被學校開除了。當了一年的小學教員於我有很大的益處。第一使我因小心準備教課，覺得對於過去讀過的書有了更進一步的瞭解。第二使我有機會學了一點與同事們相處的方法。第三使我由報刊雜誌裡知道更多有關革命的事情。第四使我多讀了幾部小說。（在高小未畢業以前先父只准我讀過一部《三國演義》，在鑽子窰我讀了《水滸傳》、《列國演義》、《紅樓夢》、《花月痕》、《二度梅》、《西遊記》等小說。）因為已經會留心時事的關係，所以知道了中國二次革命的簡單情況。也知道了袁世凱如何摧殘當時的革命黨和籌安會那一些人如何擁戴袁世凱做皇帝。又知道袁世凱如何解散了當時國會而登上洪憲皇帝的寶座。（我的光煒五叔是當時國會參議院的議員，國會被解散後，他應雲南督軍唐繼堯之約赴昆明做事。由北京回籍過鑽子窰住了一夜，告訴我許多有關當時政治上變化的事情。）在民國五年的春天我的蓮舫七叔要我替他保管一包祕密文件，並且告訴我不能讓家族親友知道這件事。萬一洩漏出去讓縣長知道了，我們可能有性命的危險。我問他要我保管究竟是甚麼文件？他說是中華革命黨的入黨志願書和誓詞。隨即打開給我看，並且說他已經是中華革命黨的黨員。同時告訴我領導中華革命黨的就是創造中華民國的孫中山先生，這個黨最大的目的就是要打倒袁世凱的洪憲皇帝恢復共和國體。他的任務是要在盤縣找五十到一百個人加入中華革命黨，他希望我將來也參加做一個黨員。我知了這件事以後非常的興奮。在我保管這些文件期間，他曾經先後找到廿多人加入中華革命黨。到了陰曆六月中旬，五叔由昆明有信給我，要我立即趕到昆明，隨同他一道去北京讀書，我才將這批文件交還了七叔。在我離家前兩日的一個深夜，七叔叫我填了中華革命黨的志願書，又蓋了指印，並令我在家堂祖先神主牌前面小聲讀了誓詞，又打了指模，然後他將這兩種文件收好，又告訴我說：「你從此以後已是中華革命黨的黨員了。你到北京要絕對保守祕密，不能和任何人說到你加入黨的事。以後怎樣和黨取得連絡我會想法子寫祕密信告訴你，或者介紹同志去找你。」可是自從此次和七叔分別以後，我再也沒有得他任何消息。我也從來沒有得到過中華革命黨的黨證。

三、由平津轉往塞外就業

民國五年夏天在袁世凱洪憲皇帝死了以後，國會又恢復了。我追隨著五叔嬸及道同弟由昆明乘滇安鐵路到海防，改乘船經過香港到了上海。五叔因為要趕在參議院復會日期前抵達北京，所以由上海乘津浦鐵路火車先去北京。我帶了僕人和許多行李由上海乘船到天津轉赴北京。因為替五叔送貴州土產禮物給住在天津的嚴範孫先生，乃得拜識這位老教育家。他在前清光緒初年曾經做過貴州學臺。五叔是在他任內得中了舉人的，所以成了他的得意門生。嚴太老師見了我時非常高興。問我到北京後是讀書還是做事。我告訴他是讀書。他說「南開學校是我和幾個朋友創辦的。我希望你到南開來讀書。你的叔叔是我的門生，我希望你也是我的學生。」這是我後來進南開學校的來由。民國六年張勳擁護滿清廢帝溥儀復辟重做皇帝，又把國會解散。五叔失業，對助我讀書發生了困難。恰巧在暑假期間笏香五叔祖被派任歸綏（即後來之綏遠省）、察哈爾兩特別區（此兩特別區當時尚未成行省）烟酒公賣總局的總辦。把我帶到歸化城總局去工作。因此我在南開讀書中輟了。這個總局之下只有張家口和包頭兩個分局比較是好缺。張家口局長給了當時總統徐世昌的弟弟徐某，而烟酒公賣總署署長交下來的魏毓生先生只能出長包頭分局。因為當時包頭及其附近幾縣範圍以內有大土匪陸占魁，到處搶劫殺人放火，又包頭一帶鼠疫盛行，所以魏先生不願去。後來因實無其他更好位置可得，乃不能不去，但找不到助理人員，因為誰都怕被土匪搶劫殺害；更怕鼠疫傳染死亡。所以魏先生竟以「如果總辦讓道藩到包頭去幫我的忙我就去，否則我只好打道回北京。」五叔祖不得已只好同意讓我和他去。因此我到包頭做過兩年工作。初到半年我是個辦事員月薪六十元。後來因為我工作成績不錯，改派為科員月薪一百元。每月除了薪水之外，我還可以和分局內同事們分享向來稅收機關所有的漏規規費。每月多則得五、六十元，少亦有二、三十元。有此種收入已夠我自己一人的開銷而有餘。所以我每月的薪水除了以一小部分寄奉父母添補家用而外，就存儲起來作為再讀書的用費。

四、響應勤工儉學決心赴法

我除辦公之外不特溫習舊課，同時還讀函授英文和日文。我當時本有留學日本的打算。等到民國八年秋天回到北京的時候，正是五四運動進行之際，許多留日學生因為痛恨日本侵略中國，都返回祖國了。因此我也打消了留學日本的原意，再回南開學校讀書。在返校之後使我受刺激最深的，是看到我兩年前的同班同學們都升班了，我的自卑感使我不能安心，也不甘心再讀下去。每天花很多的功夫和同學們作反日講演宣傳或參加其他愛國活動。時間一久，自己覺得終日這樣做不能好好讀書，不是根本愛國之道。

正在我徬徨不知如何是好的時候，吳稚暉先生到南開作講演，鼓吹青年到法國去勤工儉學，我頗為所動，居然大膽的到吳先生所住的旅館去拜訪他。承他親切的接見，誠懇的指示，並且介紹我給南開第二宿舍舍監姜更生先生，請他指導我如何進行赴法勤工儉學。當時的姜先生也和吳稚老一樣自命為無政府主義者。我當時對於無政府主義並不甚了了，可是我對吳、姜兩先生都很尊敬。在和姜先生兩次親切晤談之後，我決定到法國去勤工儉學。十月下旬我向學校請了兩星期的假，到上海去辦護照和洽購船票。一切應辦的事完畢以後，我到杭州去省視五叔祖父母。五叔祖頭一天領我乘船遊覽西湖名勝。我談到說要去法國勤工儉學的事，他開始並不贊成，後來因為我堅決表示非去不可，他也就不再反對。不料我第二天去向他們辭行的時候，五叔祖忽然堅決的反對我到法國去。我仍然堅持原意。五叔祖見我意志非常堅定，叫我必須先發電請求我的父母同意之後方可前去。我告訴他說：「我不能這樣做，如果去電表示，我的父母是不會允許我到外國去讀書的，因為他們正來信要我回到家鄉去結婚。」五叔祖母就對我說：「你這孩子真淘氣，你要知道你是一個獨生子，你不告知父母就到外國去，你的父母對你這種不孝的行為不特不高興，而且還會誤會我們為甚麼不阻止你。」我笑笑回答：「我希望我的父母能夠寬恕我這一次的不孝。我到了法國之後會詳稟父母，說明您兩位老人都曾經阻止過我的。」他們兩位老人也只好嘆氣。最後五叔祖說：「你一定要去，將來如果需要我幫助你的時候，只要我力量所及，我會幫助你的。」我表示了感謝之後，乘當天下午的火車到上海，住了一夜，就乘津浦路火車回到天津。

我到學校要求晉見校長張伯苓先生，將我決定去法國勤工儉學的事告訴他，滿以為會得到他的贊許。那曉得他竟大不以為然。他問我：「你學過法國語文嗎？」我答：「沒有！」他說：「你這孩子真胡鬧！法國話都不會說幾句，你到了法國怎麼能做工？又怎麼能儉學？」我說：「那些華工到法國去以前不是也不懂法國話嗎？」他說：「他們是去做簡單的苦工，只要身體強壯吃苦就成。你是想去勤工儉學，你必須能夠得到酬勞比較多的工作，才能達到一面工作一面讀書的目的。你如果只想去做一名工人，那又何必到外國去？在中國做工不是也一樣嗎？看你身體這樣瘦弱，恐怕想做一個單純的工人還不夠格呢！」我說：「校長，我的護照船票弄好了，無論如何我願意去試一試。」他見我意志極其堅定，點了點頭對我說：「試一試，這句話說得好。你既一定非去不可，那就去試一試罷。天下許多事只要有決心去試，總有一天會有成就的。我希望你將來會成功。」接著我獲得了張校長的允許離開了南開。於十一月中旬就到上海去準備行裝，候船起程去法國。

五、啟程前晉謁國父求教

在候船期間，我們認識不久將要同船出國的十二個青年共同寫了一封非常懇切的信給當時正在上海的國父孫中山先生，說明我們轉赴法國勤工儉學，請求賜一機會讓我們晉謁求教。我們當時不過想試試看，原不敢想國父會約見我們的。那知道兩天之後得到回信指定日期時間教我們到他莫利哀路的公館見面。我們當時真是喜出望外。到了要去晉謁的時候，臨時又有六個同船的青年朋友一定要跟我們去見國父。我們沒有辦法只好胡胡塗塗的帶了他們一同去。到了孫公館才向孫先生的秘書說明臨時又加了六個人。幸而沒有遭拒絕。我們先被引導進入一個大客廳，在一個長方形的大餐桌似的桌子周圍坐下。不一會國父微笑著走入客廳，我們大家起立鞠躬致敬。國父點頭回禮，以右手示意說：「請坐，請坐。」我們大家遵命坐下。國父按著我們呈上的名單，一一叫我們的姓名。他稱我們為「某君某某」，我們一一應名起立。他看了看，點了一下頭，起立者再行坐下。國父又分別問我們某人到某國去學甚麼？我們十八人當中，除了五個答說是要留學英國的而外，其餘都說是要去法國勤工儉學的。至於去學甚麼？我記得除了三位說到英國學工科，兩位說學法政，和要去法國的有兩個說打算學法律、哲學等而外，多數都只說等到了法國先學法國語文，到能聽講的時候再看情形決定。

我們事前商量好了由一位比較年齡大的黃某代表我們陳述求見的意思。他的話大意如下：「孫先生，您是領導革命推翻滿清專制，創建中華民國的偉大政治家，承您今天允許我們晉謁求教，我們非常感謝，也認為是莫大的榮幸。您對於歐洲各國的文明、政治、學術都有深切的了解，我們懇求多多給我們指示，使我們知道怎樣的好好求學，將來能夠對國家社會做一個有用的人。」

國父微笑著對我們說：「不管你們到那一國去留學，也不論你們將來學甚麼，只要你們能夠刻苦用功切切實實的去學，將來一定會有成就的。但是你們要知道，我們中國雖然已經推翻了滿清專制政體，建立了五族共和的中華民國。可是我們的立國的基礎還沒有鞏固。許多官僚、政客、武人，對於共和政體還沒有真正的認識。所以才有袁世凱推翻共和政體要做洪憲專制皇帝的可笑事件發生。袁世凱現在雖然已經死了，北方政府仍然在北洋軍閥官僚政客的手裡。所以我非在廣東組織護法政府，重新革命不能挽救中華民國。你們也要知道中國還是一個貧弱的國家，事事都受世界列強的干涉和壓迫。我們全國同胞，尤其是知識份子，必須要大家齊心參加革命，才能使中國得到獨立自由和平等。我國在各國的留學生，應該都是最優秀最革命的知識份子可是事實上並不完全如此。許多留學好的，只知道讀死書求智識；其次的只學了一些外國學術的皮毛；再次的只學得些外國人的生活享受和惡習。最奇怪的是大多數都不知道過問政治。比較起來還是留日留法的學生好一點。比如過去留法學生在巴黎和平會議（指第一次世界大戰後的巴黎和會）時的表現和最近留日學生為了愛國運動，寧可犧牲學業，離開日本，回國參加反日工作。最不行的是留英學生，他們多半誤解，以為英國人民不管政治。因為受了這種影響，在留學期間或者回國以後，也就以為參預政治是不必要的。因為英國人民平時只靠他們的政黨替他們過問政治，而很少直接參與。但是他們留英期間如果遇著英國一次大選，他們得到機會仔細觀察就知英國人是怎樣瘋狂參加政治活動的。所以我希望你們到外國去不要以能讀死書求得一點智識為滿足。你們應該除了專門科目而外，隨時隨地留心考察研究各國的人情，風俗習慣，社會狀況，以及政治實情等等。這些活的智識於你們學成歸國之後，對國家社會會有很大貢獻的。」（國父當時的訓示，我原有日記，可惜已於對日抗戰時失於南京，故現在只能記其大意。）

國父訓示完畢看看自己的手錶，我們知道這是暗示我們接見時間已完，我們就起立告辭。大家對這次能夠會見國父，又得到寶貴的指示，都非常的興奮。我自己更是永遠不能忘記。我記得當時國父稍帶廣東口音的國語，我幾乎一句一字都聽得懂。國父那種安詳尊嚴，而又平易近人的誠懇態度，使我非常的感動。這是我第一次，同時也是最後一次晉見國父。因為到我民國十五年六月歸國，國父已於十四年三月十二日在北平逝世。直到十八年國父靈柩奉安南京時，方得瞻仰國父的遺容。可是國父當年接見我時，他那裡會知道我後來竟成了他三民主義的忠實信徒呢？

六、改入倫敦大學習美術

我和四十個赴英、法留學的青年（當時同船的人，現在在臺灣的有臺大教授盛成和立法委員蘇汝全和我三人），於十一月下旬某日，乘一艘名瑞秀士，載重七千多噸臨時改裝可載數十個乘客的英國小貨船離開了上海。據上海環球中國學生會的朱少屏（好像是這一姓名）告訴我們，那是第一次世界大戰停戰以後載留學生出國的第二隻輪船。我們臨時在船上組織了一個「同舟共濟會」，每星期有一次講演，又有一次同樂的聚會。我還記得一位在廣東傳教廿多年的英國牧師，用極純熟的廣東話給我們作了一次傳教性的講演。當他講演時發現我們聽眾沒有注意聽，有的交頭接耳小聲說話，有的縐眉頭，有的看著他微笑，他頗有誤會大家不願聽他傳教式的講演。事後他問我究竟是甚麼原故。我告訴他說：「你的廣東話雖然說得很好，但是聽眾之中除少數五六位兩廣的同學而外，都不能聽懂廣東話，你算是白費氣力了！」他才恍然大悟嘆了一口氣說：「我還以為廣東話在中國是通行的呢！以後我要再能來中國，一定要努力學北京官話了。」另有一次是盛成先生對我們講宗教哲學。他準備一大張紙上面畫了一個大圓圈，裡面又有幾道漸漸小到中心的圓圈。我只記得他指著為我們講有關佛教的某種問題。聽眾的秩序也不好，居然有人睡著了。其實並不是他講不好，實在是在座的對於宗教哲學而無研究，不感覺興趣。再有一次是留了小八字鬍很像日本人的唐應鏗先生，用他帶廣東口音的官話給我們講他所知道的英法各國的風俗習慣和禮節。這次的講演很成功。因為他所講的正是大家要知道而且不久就會有用的。

我們所乘的船原來是要在法國馬賽靠岸的，所以有那樣多的留法學生訂乘這隻船。不開船前兩天忽然通知乘客趕快辦到英國的過境簽證，因為船公司有某種原因該船可能不在馬賽靠岸而直開倫敦。因為那時由上海赴法國的船很少，購票也不容易，所以留法的人們還是決心不改乘其他的船。幸而得到環球中國學生會、上海交涉署和輪船公司的幫助，我們很快的都得到了英國領事館的簽證，如期成行。因為輪船太小，船過中國海、印度洋，和繞過直布羅托海峽經大西洋到倫敦的幾段時間，輪船顛擺得非常厲害」。許多乘客不只是嘔吐，簡直像害了重病一樣，臥床呻吟，既不能也不敢進食。由上海到倫敦船行了四十多天，一九二〇年一月九日到達倫敦。

船到提爾布勒碼頭出乎我們意外的有石瑛、吳筱朋，黃國樑、任凱南等四位留英的老同學來接我們。領帶我們乘火車抵達倫敦市中心區，把我們帶到一家中國樓的飯館。一面吃飯，一面談話。他們把許多應該注意事項告訴我們。甚至於吃西餐時如何用刀叉，吃湯嚼東西不能有聲音等，都當場表演教給我們。最後告訴我們自大戰結束以後，法國軍隊中原來是工人的都復員回到他們原來的工作崗位。因此要找工作非常困難。提醒打算到法國勤工儉學的同學們要作鄭重的考慮。因為自己既沒錢，單欲勤工已不容易，又何能以工作所得來實行儉學呢。結果有七八個人改變了原來的計劃而留在英國，我就是其中之一。後來我得世交曲荔齋老伯和五叔祖的幫助就留在英國四年八個月之久。先到滿秋斯特一個私立中學讀了半年。又轉到倫敦在天主教雜的克乃芬姆學院讀了一年，才考入倫敦大學大學院美術部（Fine Art Department of University College，University of

London.）。我是入該學院第一個中國學生，三年以後我也是第一個得到該學院美術部畢業文憑的中國學生。當時傅斯年先生就在大學院的文學院讀哲學。陳通伯先生已經大學畢業，下一年就回國了。而已留英十四年的廣東人潘濟時先生還不想回國。

七、最後終於同意參加國民黨

我在倫敦時期除讀書外，和一些同學聯絡一些知識較高的倫敦華僑組織了一個工商學共進會，除了聯絡情感之外，最大的目的是要無形中幫助他們革除聚賭、械鬥等惡習，鼓勵他們改進他們的生活，灌輸他們更多的愛國觀念。當時最熱心會務的有潘濟時，裘祝三、陳劍修、莫耀（當地華僑）、龔某和我等人。在三年期間我們幾乎每星期六和星期日下午的時間都在為此工作。三年以後居然有些成績，我們都非常高興。慢慢的我們將此會的工作，移轉到新到倫敦的同學和更多的僑領手裡。

大概民國十一年我和劉紀文先生在倫敦認識了。他看我帶到倫敦的一本《孫文學說》，又仔細看了我讀此書的筆記，知道我很服膺國父孫先生的主張。就對我說：「你這樣崇拜孫先生，你應請加入他所領導的革命黨。」我說：「我是學美術學文學的。加入革命黨不會有甚麼貢獻。」他又說：「革命黨裡無論甚麼人都有用，尤其是真心誠意贊成孫先生革命主張的人。」我說：「我本來出生於一個破落的世家，從小自然免不了有讀書求官做的想法。可是當我在南開讀書的時候，聽說像北京大學校長蔡元培先生那種學問淵博，道德高尚的人還免不了受武人官僚政客的氣。所以我到英國以後不但是不學準備做官的學科，連哲學、教育等科都不願學，就是怕捲入政治圈裡去，受那些官僚政客和武人的氣，因而選學了與人無爭的美術和文學。我如果加入革命黨，將來一定會捲入政治漩渦，免不了受那些混蛋傢伙的氣。這是和我志願相違背的，所以我不願入黨。」紀文又說：「你這種逃避現實的想法是不應該有的。你既知道那些官僚、武人、政客的混蛋，正應該加入革命黨，大家共同努力把他們打倒，來改造中國。」我聽了他的話，雖也認為有道理，但是仍然沒有入黨的決心。以後我和紀文的友誼一天一天的增進，他不時總刺我一句說：「還沒有決心參加革命黨，打倒禍國殃民的官僚武人嗎？」我總是笑笑了事。後來邵元冲先生來到倫敦，又和紀文來談過許多次，一定要介紹我入黨。邵先生卻比紀文會說得多了。一來就長篇大論說上二小時，並且他們要直接寫信給國父介紹我入黨。我真感覺有些煩了，但是我又不能不承認他們的理由是對的。經過了半年的時間，我為他們的熱忱和誠摯的友誼所感而最後同意入黨了。

接著黨的中央要恢復倫敦支部。經過在倫敦數十個老同志和裘祝三與我的努力，倫敦支部在十二年恢復了。那時國內已將中華革命黨改為國民黨。但是倫敦的同志們還沒有得到新的組織規章。所以在支部恢復時紀文先生主張先照舊的規章恢復起來再說。當時支部內部組織，分為執行、評議兩部。選舉結果裘祝三同志當選了執行長，我自己當選了評議長。這是我參加中國國民黨工作的開始。

（原載《傳記文學》第一卷第六期）

編導《自救》的經過

原名《自救》和第一次的雲霧在南京公演以後

一、劇本的編譯

（甲）《自救》

《自救》劇本起編的動機：《自救》本事的計劃，遠在民國十三年，說來好像已經是歷史上的事了。當民國十三年道藩在倫敦大學思乃得美術科畢業轉學於巴黎的時候，至友謝壽康先生、徐悲鴻先生夫婦、郭有守先生諸位，都在巴黎。他們是最初知道《自救》本事計劃的幾位。當時道藩雖然有要起編的念頭，因為自己覺得學識不夠，始終不敢動筆。巴黎拉丁區兩年的學生生活，雖然很快的過去了，因為加入了天狗會，又給了我一部分可寶貴的材料。十五年五月中起程回國時，原來計劃在船上除整理《近代歐洲繪畫》一書的稿子外，就動手試著《自救》。不想同船回來的天狗老四邵洵美，整天的拉著談他最崇拜的希臘古代女詩人Sapho。大部分的時間，就這樣高談闊論度過了。所以到上海時，《近代歐洲繪畫》的稿子雖然勉強整理完畢，交給了商務印書館，《自救》還是一字未寫。

六月下旬，到了上海以後，因為應了幾個藝術團體及新聞記者會的請，講了一長篇「人體美」的演說，頗為當時上海當局所不滿。又因為自己是一個中國國民黨員，更為當局所注意，所以得了許多警告和恐嚇的匿名信。親友們都勸我離開上海，又恰遇我的朋友劉紀文先生由廣州來電相約，於是離了不可久居的上海而到國民革命的策源地廣州去。初在農工廳服務。繼又奉中央派赴貴州辦理黨務，幾乎沒有被軍閥周西成殺了。十六年秋九死一生的逃出了貴州，沿途得了古勷勤、劉紀文諸先生的接濟，才逃到上海。當時一則因為在貴州的事受刺激太深，二則因為清黨以後，北伐軍事受挫折的危機，使我只想著如何盡黨員一份子的能力，為黨服務，那裡還敢再去想從前的愛人（即文藝）。自十七年三月到中央組織部工作以後，一天一天的捲入黨政漩渦，混混沌沌糊糊塗塗忙亂了這六七年，那裡還有餘暇致力於文藝。每逢朋友問我「近來畫了些甚麼畫？」「著了些甚麼東西？」的時候，我常常愧不能答。有時想起了文藝，就像失了愛人一樣，心裡真難受極了。

去年中央宣傳委員會及中央軍校政訓處，都定題材範圍懸獎徵求劇本。後來聽說應徵的雖然不下數百人，能用的劇本實在不多。我心裡倒起了疑問：中國真是沒有好的劇作家呢？還是有好的，因為自高身價，不肯應徵呢？要是真沒有倒也罷了，若是有好的，不肯應徵，又不肯自己發表，何等不應該！

有一次有一位同志從北平來，同我說起北平某某幾位文人對本黨文藝運動的幾句話。大意說「我們做文章，不過為拿幾文稿費生活。到窮極時，也未嘗不可以替國民黨做做文章。不過要是這樣就想我們為國民黨出死力恐怕是做不到的。國民黨要努力文藝運動，還得從基本上做起，自己培植自己的文藝人才。」我聽了這些話，一方面被那幾位文人坦白的態度大為感動，一方面似乎受了很深的刺激。我常自問「本黨有百數十萬黨員，就沒人能文藝嗎？說到了文藝運動，竟到了非求救於人不可嗎？在革命先烈中，我們不曾有許多優於文藝的嗎？現在黨裡的前輩先生們不是還有許多擅長文藝的嗎？他們為了黨國要政，疲於應付，無暇及此。我們青年同志們還不應該趕快努力以求造就本黨文藝人才的基礎嗎？」因此我就起首鼓勵同志，邀約同志努力於創作。許多同志都嘆氣說「不容易」。我雖然也承認不容易，心裡總覺得他們太無勇氣，把面子問題看得太嚴重了。未免就有些以他們這種態度為不然。於是我偷著下了決心，要做一點不自量力的事來把他們「不容易」的話改變成「並不難」。我自己有時也想著我有些發狂，因為我自己實在太缺乏文學的素養了。不過我一想到了總理給我們「不知亦能行」、「有志者事竟成」的教訓，我仍然不自量的要發狂一下。但是問題又來了。文藝的範圍何等的大，我的智識能力又這樣的淺薄，從那裡下手呢？很自然的，同時也可憐的，又回想到十年以前，就想寫《自救》劇本的計劃了。想來想去，總是沒有動筆，「不容易」的話，時常會到我耳裡來。我反動著又將「並不難」的話將它趕出去。最後終於大膽的動筆了。

今年一月裡，我患了失眠症。往往整夜不能成眠，越是清夜，心思越雜，苦痛萬分。到後來沒有了法子，與其胡思亂想，不如集中想一件事，做一件事，或者好些。於是《自救》劇本，在某一夜間的三點鐘，開始動筆了。起初覺得還不錯，因為寫疲倦了，就可以睡得著。後來卻不然了。先是因失眠而動筆寫《自救》，以後又因寫《自救》而失眠了。

《自救》劇本初稿，原為五幕劇。在二月初即已寫完。油印了二十本，分送請陳果夫、楊今甫、柳亞子、謝次彭、傅斯年、陳立夫、趙太侔、梁實秋、鄭曉滄、吳頌泉、郭有守、邵洵美、洪蘭友、顧蔭亭、顧夫人、王平陵、鄭正秋諸位先生指教。後來先後得著他們的復信，或當面詳細的討論，承他們諸位的指示，改正了不少的錯誤，變換了若干的對話，補充了第四幕，裁去了第五幕。《自救》劇本修改後，勉強可以公演，我不能不深深的感謝他們諸位。尤其難得的是果夫先生，在病中給初稿很詳盡的指正和批評。次彭先生、今甫先生兩位，先後給了我好幾封長信，指導我應該修改之點和理由，給我很好的補充內容的指示。頌皐先生指示對第四幕改正的意見，竟與今甫先生不約而同，是一件極有趣的事。正秋先生除給我長信指教而外，並且在全國電影界談話會宴會席上，竟把我當時還未曾十分決定的「自救」二字的題名，向大家宣佈了。這樣一來，倒使我不再受著想題名的麻煩了。有守先生除給我指正而外，並且猜著劇中大多數人物的背景為誰，這是因為他同天狗會關係甚深的原故。立夫先生、蘭友先生、蔭亭先生及其夫人諸位，均先後和作長時間的討論。我於劇本修改上，得他們教正的幫助不少。

（乙）《第一次的雲霧》

這是由法國劇著家約賽葉爾滿（Jose Germain）原作Premiers Nuages翻譯而成的。此劇和其他幾個獨幕劇印成一本，題名「家庭戲劇」（Le Theatre Des Familles）。原書是內子民國十七年來華時帶來的。當我們十七年九月二日結了婚，赴杭州作蜜月旅行時，內子就拿這本書給我，並且拉著我一同先讀《第一次的雲霧》一劇。讀完了，我們相視而笑。她說：「我們也未能免俗的來作葉爾滿所詛咒的蜜月旅行了。你以後卻不要學劇中那一位先生。」我說：「只要你不學劇中那一位夫人，我決不會學那一位先生。」結果還好我們彼此不特新婚旅行後，沒有學那劇中人，就是結婚六年多的生活中，也沒有演過他們那樣的趣劇。不過有時候，小小口角時，我常常學著劇中先生對夫人說「你離婚好了。」一句話來對付內子。她有時也自然而然的會說出「你不用對我那樣講。」這樣一來，我們似大有表演《第一次的雲霧》的樣子。兩人一笑，我們小小的鬧氣又消滅了。

民國十八年的長夏，我閒在南京沒有事做，就把這一個獨幕劇拿來翻譯了。原文中有若干俏皮話，若果沒有內子的幫助，連現譯出的成績也不會有的。譯稿初成，我的朋友邵洵美，拿去在《金屋月刊》裡發表了。到了今年二月，有一天和王平陵同志談戲劇，他催我發表《自救》劇本。因為當時還沒有修改完竣。我就將《第一次的雲霧》譯文生硬的句子略加修改交給他。以後在三月號的《文藝月刊》上發表了。這一次公演，因為《自救》不夠一場表演的時間，所以結果選了《第一次的雲霧》合演。

二、《自救》編成後在首都及各地的公演

《自救》的初稿改正以後，恰遇南京女子中學的校長劉蘅靜同志，約我去對學生演講。我因為《自救》裡正是關於女子婚姻問題，所以就大膽的將劇本對學生講讀了一遍。這是《自救》公開的第一次。劇本修改完竣，《時事月報》社要了去。在五月號發表了，還替我插上幾幅圖。以後有人以為是我自己的插畫。其實這我是不敢冒貪該報插圖先生的功的。

《自救》的第一次公演，是在南京女中五月二十六日的學校紀念日。我曾經去看

過。女中學生以一星期的短時間，將《自救》排演成功。各演員能將劇本讀得濫熟，已不容易，雖然表演得差一點，是可原諒的。一則她們只是中學生，二則她們都是女學生，女扮男裝，沒有經長時間的練習，當然是不能自然的。不過演員中有好幾位頗有演劇天才的表現。

再後湖北省立第二中學，也曾來信要求我准演。我復信允許過。但是已出演沒有？演的成績如何？我未得下文。要是他們曾出演，那當然是《自救》的第二次公演了。

第三次是八月中旬上海各大學劇聯的公演。他們排演時，我就想去看看，因不能抽身，竟沒有去。又改擬公演時去看，到時又遇他事不能離京。臨時打了電報請謝次彭先生去一看。後來據謝先生說，第四幕演得很好，最可惜的是他們把第三幕裁去沒有演。後來劇聯會導演徐蘇靈先生來信說是因為他們每次出演的戲太多，時間不敷分配的原故。上海《晨報》「每日電影」欄的投稿者舒湮君，不惟對表演《自救》公演後成績批評得不好，而且還根據了表演時所用說明書誤引劇中的對話，誤會著者寫劇的主要意思。竟使我百忙中不能不寫信向他聲明。以後他用公開的方式在「每日電影」欄答復了我。這兩封信於《自救》劇本的主要意思頗有關係，所以我把它們附錄在下面。

舒湮先生大鑒：頃閱本日《晨報》（快報）大著〈上海大學劇聯公演茂娜凡娜及其他〉一文內，對拙著《自救》之批評，欽佩之餘，不能無言。此次《自救》公演，鄙人未得目睹。故於先生對表演成績批評之當否，不敢多言。惟《自救》劇本，原來總共四幕（全文載於本年五月份《時事月報》），係公演時改為三幕。原文第二、三幕本可作為一幕，因欲避免吃飯一段之俗套及麻煩的表演，故分作兩幕。公演時竟併為一幕，不知當時究竟如何表演也。至本劇用意，雖不主張幼稚而且極端的自由戀愛，但對於強迫的盲目的舊式婚姻，是很明顯反對的。如第四幕裡金振華說：「在這二十世紀時代，中國還有包辦式的婚姻。真是中國人的恥辱，中國青年男女的大不幸。」又如「……我們倆從前因為反對盲目的婚姻，所以要求退婚。我們現在因為互相親愛，自主的訂了婚啦！」這都是很明顯的反對舊式婚姻。所以著重用「反對」「不幸」「互相親愛」「自主」等字樣。不知何故，（或者當時演員說錯，或者先生未見劇本原文），先生將原文錯引為「我們忘記了過去的盲目婚姻，從新相親相愛的自主訂婚。」（尤其從新親愛四字，不特不妥，而且矛盾。因為金、曾二人，從前既未相愛，就說不到從新相愛。）所以對著者有「仍然迷戀封建屍骸」的批評。鄙人對此，實不敢承當。一種著作，無論得批評家好的壞的批評，假若著者不是無理性的「自是」的話，他應該虛心的反省，才會有進步的。所以在此特別聲明鄙人這封信，決不是對先生批評有所不滿。不過因作劇原意與先生所見既有不同，不能不一申述也。倘蒙暇中一閱原文，能賜更詳細批評，當甚感激。專此，敬頌

撰安。

張道藩敬啟。

廿三、八、廿三、傍晚。

舒湮的答覆：

道藩先生大鑒：從編輯先生手裡轉下先生的大函，在很欣愉的情緒，讀完了先生善意的指教，使我獲益非淺。那天我參觀大學劇聯公演尊著《自救》時，對原劇本並未先拜讀一過，後來寫一篇東西（實不敢稱「批評」），而根據的材料也使完全以當時演員所表現的和公演特刊所載的說明為準繩。因此連我也會把尊著誤

作三幕劇。蓋當時實只扮演第一、二、四，三幕，而漏第三幕「飯後分珠」一場戲。昨天特地跑到書坊裡把尊著原文匆匆讀了一篇。覺得有許多對白是和當時演員所說的有些差異。譬如，先生所舉的原文：「……我們倆從前因為反對盲目的婚姻，所以要求退婚。我們現在因為互相親愛，自主的訂了婚姻啦！」一句，在說明裡是登著：「忘記了過去的盲目婚姻從新相愛的自主訂婚。」（有該特刊在可資佐證。）我因為讀來覺語氣不順，故在句前加了「我們」二字。誰知竟因這個疏忽而誤會了先生原意，抱歉得很。至於先生《自救》中所表現對婚姻的態度，鄙人前已說過是調和主義的了。就是先生來函也說：「雖不主張幼稚而且極端的自由戀愛，但對於強迫的盲目的舊式婚姻，是很明顯反對的。」既然不主張「極端」的，當然不言而喻就主張一種「中庸」之道的方式了。譬如，尊著原文借秀芝口裡又說出：「唔，真的不幸，那我也承認的。不過你退了她，她在中國那樣的社會裡，要不能再嫁，豈不比你更不幸嗎？」鄙人說，先生是「仍然迷戀於封建的屍骸」，絕非一口咬定先生是主張封建的婚姻。不過因為先生既不完全接受新的自由戀愛的婚姻，當然不免局部主張沾染有舊式的婚姻哩。所以鄙人著筆時，就用「迷戀」二字，實非全稱肯定的語氣，原意並不如先生所見的那般嚴重。至於所謂新的自由戀愛的婚姻，並不一定就是「極端」的。反之，那種浪漫的戀愛，也同是有害的。新的婚姻是自主的。所以把自由的精神表現得最尖端的蘇聯，（鄙人之意，絕非盲捧蘇聯，不過舉此為例。）在一九二七年公佈的婚姻法第四條裡也明文規定：「欲為婚姻之登記者，須有雙方對於婚姻登記之合意。……」一齣戲在文字上和演出上所給人的印象，往往因表演者的關係，是不一定相同的。先生肯惠然指正，實屬榮幸得很。盼望以後繼續不吝賜教為感。專此，敬頌著祺

舒湮敬復。

廿三、八、廿五。

所以計算起來《自救》在南京公演雖然是第一次，但是從第一次出演算起，應該第四次了。

三、公餘聯歡社戲劇組話劇股的決定公演

首都公餘聯歡社話劇股進行公演話劇，遠在本年五月下旬，第一次開會討論公演時，到股員二十餘人，由謝壽康先生主席。開會結果，決定選《自救》和《第一次的雲霧》兩劇公演。

四、導演顧問和演員的推定

在決定公演以後，就推定謝先生為總導演，道藩為顧問。同時決定為訓練人才起見，所有演員以公餘聯歡社社員擔任為原則。當時溥希遠先生曾經允許擔任劇中的曾崇文。以後因為褚先生要求各演員趕速排演成功，以應中央軍校第十週年紀念遊藝會之請，前往表演。於是溥先生因為也要到那個遊藝會表演平劇，所以不能擔任。我們才改

請了林亢朔先生擔任。領事一角，原來是請吳南先生擔任的。到八月中，因為吳先生有事打算離京，所以由吳先生推舉了蘇恨生先生擔任。這一次參加公演的大部分演員，都是由吳先生請來，各位並且自告奮勇的認下擔任各個角色。所以我們得了珍妮小姐擔任曾秀芝，徐毓英女士擔任曾夫人，曼琳女士擔任許太太，綺羅小姐擔任祝太太。郭小姐一角，發生的困難很多。最初是一位蔣女士擔任，不料半途她有事到九江去了。我們得劉莪英小姐介紹了一位楊澄小姐來擔任。直到快開演的前三天，楊小姐病了。我們很僥倖的請得了史藕丹小姐擔任。藕丹小姐只參排演一次，若不是她有演劇的天才和經驗，在這種情形之下參加表演，決不會有我們所想不到的成績的。楊載凡先生的金振華，張省吾先生的許紹仙，汪用威先生的姚學儀，林葉先生的曹子美，沈姬鎧先生的王貴，林劍嘯先生的沈厚之，都是最初就請擔任了的。

《第一次的雲霧》的先生和夫人，是林劍嘯和綺羅兩位勇敢的擔任了。此劇排演的次數不過十數次，他們竟演得那麼活潑動人，是出我們意料之外的。因為這一獨幕劇，的確不易表演的。

五、排演的進行

從五月內最後一星期起，每星期排演三次，皆由謝壽康先生導演，道藩勉充顧問。想不到的開始排演一星期以後道藩就病了。醫生堅囑必須靜養。不得已到無錫梅園去靜養了三星期。於是導演的事，只好完全偏勞謝先生了。但是又不凑巧六月中謝先生又因事離京，排演的事，只好由各位演員自已負責進行了。最可佩服的是諸位演員自動努力的精神，雖然導演及顧問都因病因事離京了，他們仍然能自動的努力進行排演。我在梅園養病，接著他們諸位的信，催我回來。卻是到我六月底回京以後，酷暑的天氣開始了，只見寒暑表上的熱度由九十、一百、一百廿，一天一天的增加上去。大家雖然很熱心，那裡抵抗得過黑心太陽的惡熱呢。所以在七月初起，約有四十多天的期間，排演完全停頓了。到了八月中旬，謝先生還是不能返京。道藩受不了諸位熱心演員的催責，乃決定繼續排演，仍然是每星期三次。到了九月中旬，謝先生回京了，給我們極好的指導。《自救》演得假若還有點成績的話，不能不歸功於謝先生「畫龍點睛」的最後神妙工夫。同時在排演進行中，楊今甫先生、徐悲鴻先生及夫人、袁昌英女士（楊端六夫人）、郭子杰先生，諸位先生後來看過，都給了我們很好的指教，不能不在這裡表示感謝。

六、公演的準備

（甲）地點的選擇在準備公演劇場的選擇。我們最初想商借勵志社，許多人認為太偏僻，而且太像一個機關，觀眾恐不踴躍。其次，我們在九月中旬，有一個機會可以租用南京大戲院。一則當時準備不及，再則又有許多人不贊成，理由是那戲院附近的空氣太特別。以後我們想租用世界大戲院，但是租金方面，還要講面子才能減至三百五十元演一晚。我們這種窮幹法，那裡會能有這樣多的錢來付租金，只好又放棄了。最後，我們乃得陶陶大戲院經理陶良鶴先生的幫助，減低租價，租給我們公演三天。這個問題才算解決了。

（乙）辦理各種請求准演的手續公演地點、日期，決定以後，我們才能進行辦理各種呈請的手續。啊！這中間沒有經驗的我們，卻碰了許多預料不到的麻煩。幸好得各主管機關的長官和辦事的同志們特別原諒幫忙，使我們得在短時間將一切手續辦完。這也不能不在此表示謝意的。

（丙）公演經費的籌措因為我們知道公餘聯歡社經費的困難，所以不去麻煩社裡籌經費，而由私人方面盡力拉借。到寫至此的時候為止，約計已用去一千元，還有戲院租金三分之一未付，一切租用器具裝置電燈等項雜費，都沒有付，計總共開支約須一千三四百元。廿九、三十兩日售票的收入總共至多能得八百元，預料還要賠三四百元。許多朋友們說我們票價定得太低了。這話也倒不錯。不過我們的苦心是在提倡話劇運動，希望多數的人可以有購票能力。這一次儘管賠錢，只要社會上對話劇有了相當的認識，我們也賠得高興的。只要沒有人誤會我們公演是為營利，那就是我們的無上的安慰了。

（丁）佈景這一次公演的佈景和燈光，是請羅寄梅、傅平兩先生負責的。羅先生事前一連忙了兩天一夜，佈景的成績如何，大家已經看見，用不著我再說。我們就不講他佈景的成績，而論他那種肯吃苦耐勞辦事審慎和鎮靜的精神，已經很值得我們深深的敬服了。一切關於美術告白的製作和燈光的配置，都得傅平先生的大大幫忙。戲院前那兩張彩色的戲單，十足的發現傅先生藝術的高妙。還有羅先生約來幫忙佈置的馬先生，其負責吃苦努力的精神，也很值得我們佩服。

《自救》第一幕佈景裡所用的古色古香的中國刻漆木器全套，是至友顧蔭亭先生家藏的古董，價值數百元。承顧先生借用，我們十分感謝。因為佈景時匆忙的搬動了若干次，已將木器的漆弄壞了幾小塊。我們心裡覺得萬分的難受，別的還可以補救，這種古董我們真無法賠償了。我們除了厚著臉向顧先生道歉外，還有什麼話說呢。其餘的木器，是美藝木器店借用的。他們雖然有更美觀的木器借我們，但是因為我們只要佈置一個儉樸的畫室，所以沒有借用。這也不能不在此表示感謝的。

七、出演

一切準備工作都做得差不多了，出演的日期也到了，大家都存著又興奮又恐懼的矛盾心情。興奮的是先後大家努力了幾個月，居然可以達到出演的目的了。恐懼的是我們之中多數人都沒有經驗的，萬一演得不是東西，全功盡去，倒也罷了。我們提倡戲劇運動的熱情，豈不要受重大的打擊。僥倖真僥倖。二十八日晚全體試演以後，我們才算多少有點把握。公演三次中，也沒有鬧出很大的錯誤，這不能不謝總理在天之靈的默佑。

八、我們對各界的批評和指教的感謝

此次《自救》和《第一次的雲霧》的公演，在著者固然是初次嘗試，就是演員中除了少數幾位或是提倡話劇的前輩，或是表演有經驗的而外，多數也是初次的嘗試。公演的幾天，得各方面的贊助和各界的批評和指教，我們誠懇表示十分感謝。我們已看見徐悲鴻、謝壽康、郭有守諸位先生著的長篇的評論，給我們不客氣的批評。諸位所說我們的優點，不見得是我們的優點，實是太過獎了。說到我們的缺點，倒真是我們的缺點，我們十分誠懇的接受。我們希望各界給我們嚴格的批評和指教，使我們以後能得著進步，對於話劇有較好的貢獻。

公演畢，承中國文化協會、中國文藝社、中國教育電影協會、中波文化協會、公餘聯歡社、天狗會，與謝壽康先生及夫人、徐悲鴻先生及夫人、郭有守先生及夫人、張劍鳴先生，賜贈道藩及各位演員花籃鮮花等物。又承中央宣傳委員會、中國文化建設協會、中國文藝社賜宴。宴後並承邵元冲先生、陳立夫先生、方希孔先生、蘇拯先生諸位給我們長篇的演說，給我們不少的指示。道藩個人及全體演員和劇場服務人員，均十分誠懇的感謝。

九、我們的希望

我們此次這很小的一點貢獻，完全是由有公務和有正當職業的一些人，利用工作餘暇努力的結果。我們此後還願意利用我們工作餘暇繼續的努力提倡話劇運動。我們最低限度的希望是在南京能有一個儉樸而且適用的小劇場，作我們提倡話劇和教育電影等等運動的根據地。我們當然希望中央和政府能夠注意到戲劇和教育電影，裨益社會的效果，來建築一個小劇場，獎勉各種提倡戲劇運動或教育電影運動的組織。如果在國難當中，中央和政府無暇及此，我們就不能不希望注重社會教育家，和喜歡話劇的人士，來給我們幫助。我們所希望的不只是物質方面的幫助，特別是精神方面，和道德方面的鼓勵。我們更希望文藝界各前輩的指導，和努力文藝的青年們的創作。我們也希望有演劇天才的人們要肯嘗試。如果大家齊心合力出來提倡，我們相信在首都能培植出現代中國戲劇的一點基礎。我們並且相信這一點基礎，於補助社會教育做移風易俗和進行新生活運動，一定能有有力的貢獻。

廿三、十、一。

（此文同時刊載於廿三年十月初上海《申報》、《晨報》、《時事新報》、《大公報》及南京各報。）

從抗戰到戡亂筆記的片斷

（自民國二十六年至民國三十八年）

一、留守南京

今晨五點起床。六時參加中央的國慶紀念典禮，七時參加國府的國慶紀念典禮。在兩處慶典中，我們最崇高的領袖介公均參加，我見他態度安詳，精神奕奕，真為中華民族慶幸。今晨下霧，紫金山從山頂到半山都被大霧籠罩，敵機或者不能來。聽說歐戰時德法兩國國慶日，兩國都能互示禮貌，不派飛機轟炸。但是我們固然不敢以此指望於我們最無理，最野蠻，最狹小，最沒有人性的日本敵人！今天全國一致對前線將士作慰勞運動，我想把家裡可捐的衣物檢出來，捐作傷兵及難民之用。（民國二十六年十月十日）

今天慰勞委員會召集南京的歌女，和各茶社的經理，舉行茶會，商議請歌女賣唱，募款做棉背心，送給前方將士。茶會推我擔任主席，演說了五十分鐘，很使他們感動。到會的歌女大概有五十多人。我還從來不曾見過歌女，今天算是大開眼界，這才知道所謂的歌星，不過如此，其中幾乎沒有一個可以稱得上美麗，而又醜又蠢好像臭丫頭的反而很多。最可憐的其中有十幾個人，恐怕還不到十五歲，像這樣的女孩子也過暗娼生涯，未免太沒有人道了。

我對於請她們籌款慰勞前方將士這件事，心裡有很多的感觸，因為社會人士平時莫不輕視這批可憐蟲，而這時卻又請她們出來幫忙募捐慰勞。社會人士如果稍有一點良心，就不該利用她們那種可憐的關係去轉求別人，現在捐款籌不足了，把她們也給拉出來，真是社會人士的莫大恥辱，假如我是歌女，我一定會大罵他們！

晚上又遇見一樁怪事，有人大請其客，理由是慰勞從香港到南京的十幾位醫師和護士，他們是來辦理後方醫院的，我在被請之列，不能不參加。可是沒有想到，飯後竟有人大開留聲機，跳起舞來，當時在場的都是南京銀行界和智識界人，在前方這麼吃緊的時候，將士們在浴血奮戰，後方竟有人徵歌逐舞，實在令人痛心！我吃完了飯看到這種場面，認為他們太不應該，因此推說有事，辭出回家。唉，中國莫非真要亡了，否則人心怎麼會這樣麻木不仁！我為這兩件事，心裡頗為憤慨。（民國二十六年十一月）

我知道政治內容越多，越發感到政途的艱難可畏，我十幾年來，只不過是為人作嫁，從來沒有做過獨當一面的事。但是即使這樣，我已覺得自己的才智不夠應付，如果要我單獨主持重要事件，我將會更感無法肆應。所以世間的事，責備別人容易，自己做起來就難了。過去那些唱抗日高調的人，現在中央領導抗日的時候，他們卻連一點力量也拿不出來。我不知道這些官僚政客，以及欺世盜名的名流學者，當他們捫心自問，他們會有怎樣的感想？（民國二十六年十一月）

感國事之危，憂心忡忡，我獨自出外，沿著廣州路到清涼山的那條路上，來回緩步；明月當頭，清輝四溢，勾引起我很多感想。我已和部長（按：張氏時任內政部次長，部長係指蔣作賓）談過：假如政府遷都，南京需人留守，我志願作為留守者之一。我願與守衛首都將士，和南京城共存亡！

我並且說我從事黨政工作十多年，從來沒有自動要求任何工作，我將來要求這種工作，總不會有人笑我毛遂自薦吧！我一定要達成我這個願望，我才能心安！（民國二十六年十二月）

領袖在南京一天，我總要想盡種種方法，留在南京不走，到了首都棄守的時候，如果我倖而不死，我也只好隨著大本營人員撤退。倘使需要死守，即使大本營人員撤出，我也決心和守城將士同生死，相信那時我在城裡還有許多事情好做的。回憶十年前我也曾遭遇大難，設若當時我被周逆西成所殺，十年以來的種種切切，豈不是全都談不到了嗎？

反省這十幾年來我的所作所為，可以說無一事不可質諸天地鬼神，在黨我是一名忠實黨員，我曾為黨努力，為黨犧牲；從政我是一個清廉官吏，我從來沒有貪污分文，這都是我可以仰瞻總理在天之靈，而無絲毫愧色的。對於家庭，我也曾得到機會侍奉了父母幾年，聊盡人子之責，使我稍感心安。唯一的憾恨，是我不能為這一支人生兒育女，承祀香火，但我總算也為幾位妹妹盡到了我應盡的責任。（民國二十六年十二月）

我常反躬自問，十年以來，成就何在？自己究竟有何本領，可以貢獻國家？而屢屢不安於所事，究係何故？此後究想如何？應如何方能使我愉快？諸如此類之問題，我自己亦無法解答，年歲益長，自知益淺，有時竟自認為一毫無所能之尸位素餐者。凡此種種皆為神經已有變態之表徵，有時亦頗自危。（民國二十七年）

二、苦難山城

昨晚敵機轟炸聲剛停止，我就擠出了防空壕，登高一望見七星崗領事巷一帶火光熊熊，濃煙衝天，估計距離，當在我家不遠，即刻步行回去，眼見大火之處，已在嘉廬附近，施救效力極微，燃燒十分熾烈。素珊催我搬點東西，我嘴裡答應，心裡實在不願意，這時候的心情，就像前年離開南京寓所以前的那幾小時一樣，因為我想爽性付之一炬，倒也乾淨！靜默中忽然聽到女兒說：「爸爸！你把我的衣服拿到教育部好不好？」

這句話使我大為感動，我當然知道這是素珊見我不動，是她教女兒這樣說的，於是我才將重要的衣物搬到教育部。晚間十一時，厨子送飯來，勉強吃了點飯，因為我怕殘酷的倭寇，借重慶的大火為目標，再來夜襲，所以我叫素珊她們跟著最後一批行李，到部中暫避。十二點鐘才送飯給她們，素珊也在驚慌勞累之餘，竟食不下嚥，麗蓮倒吃了一碗，而且很高興，好像以為到達了安全地點。我再回家，已經十二點三刻，趕緊就寢，希望在夜襲之前，能有片刻的安眠，可是神經緊張太過，無法睡著，正在倦極昏迷的時候，警報又來了，於是急忙起床，跑到部中防空洞，素珊母女已經先到。大概四點半鐘警報解除，再回到家睡兩小時，等素珊回來商定送她們到歌樂山，她們是上午十點半去的，只携帶鋪蓋和一些衣物。臨走前，麗蓮喊著說：「爸爸，你快來呀！」我這時心裡的難受，真非筆墨所能形容！十時三刻，到部辦公，公務已無形停頓，因為有三十多位同事的家裡被炸燒燬，其中多半都有眷屬，除了逃出性命，幾乎一無所有。

下午一時，城內忽然人潮洶湧，爭先恐後的逃往城外，大家都說有警報，其實並無其事，由此可見人心的恐慌。七星崗一帶既遭火焚，附近的菜市和商店都關了門，要想買一枚鷄蛋也買不到，自來水早已損壞，無水可用，家裡的米剛剛吃完，也沒有地方可買。厨子從昨晚十二點回家，就不曾再來，我想一定是他的家裡也被炸了。素珊上山以後，既無菜米，又沒鍋灶，假如街上沒有飯賣，連吃飯都成問題。最高領袖已有命令，從他個人以及一切黨政人員的汽車，在這幾天裡都要調作運送難民下鄉之用，一概不准自己乘坐。（民國二十八年五月三日）

昨天出乎意料之外，有一件小小的值得高興之事，就是每月除我在校所得，還可以領三百元的補助，錢是小事，可見領袖也知道我窮，使我無限安慰。有這筆補助我每月才能維持生活，否則除自己用度而外，對於家中父母及弟妹們的教育費，都無法負擔了。我希望此後極力節省，每月至少儲蓄一百元，以作緊急之需，否則一旦遇到工作上的變化，就要鬧饑荒，太受不了。（民國二十八年九月）

過去一年，總算上天默佑，使我們得到平安。自問對於職務，沒有未盡之責，在那樣物價高漲，生活大受威脅之下，自己還能夠保持素來廉潔之身。今年但願我們的親長領袖以及我所敬愛的人們，個個獲得安全，我們的國家，獲得抗戰的勝利。（民國二十九年除夕）

八日回到城裡七星崗一看，知道會府大樓當天早晨被炸了，而且炸彈正落在防空洞口，心中吃驚不小，等我到了那裡，房子雖然炸得一塌糊塗，幸而人員沒有死傷。我指揮他們辦理善後，下午四時才起程返校。

晚間八時與陳（果夫）先生詳談校事，毫無結果，最後我說：「我的新職務如果不立即發表，自當按照以前的諾言，繼續工作到新生入校為止，如果立刻發表，我就馬上離校！」談話完了，外間大雨不止，我冒雨走兩百步路回寓，並且洗了個澡（水不甚熱），浴後就寢，一面因為屋裡太熱，一面又覺肚裡微痛（其實早就有點痛了），一夜不曾睡好。

次日早晨九時起床，頭發昏，一試熱度，已經九十八度，到十一時，高達一百度，下午三時更到了一〇三度，直到夜裡十一時方才減退為一百度。

發燒發到一百度左右時，我還請了人來，筆記我口述上總裁的呈文，他下午五時才修改謄清，我昏頭昏腦的看了一遍，蓋好章，就派人送到重慶。

十日早上醒轉，溫度雖然減到九十九，人卻仍然頭昏，全身痠痛，到下午溫度又加到了一百或一百〇一度，晚上減至九十八度，今晨才恢復正常，幸而有醫生診治，驗血的結果，知道是受暑受風。自己回想在城內數日，跑警報，受暑不小，再加疲勞，肚痛，或者因為七日亂吃了炒米茶，涼粉之類的東西，八日晚再冒雨步行，又洗涼水澡，有這種種的原因，當然會生病了。現在除開週身痠痛，沒有別的病徵。（民國二十九年五月八日）

七時全校員生擴大紀念週中，果公（陳果夫）宣佈我就職，他報告代理教育長三年半來之校況後，令我訓話，我演說約半小時，事後同事認為誠摯懇切，而且得體。其實在未登講臺前，自己尚在躊躇，不知說什麼才好。平素曾對千萬人講演，從未感到慌張過，今晨因全體員生的熱烈掌聲，竟使我大受感動，於是稍覺慌張，有點像第一次在南京公餘聯歡社登臺演戲的情形。一個多月以來，苦心憂慮的出處問題，終因「情感」及「命令」關係，仍作犧牲而告一段落。校事前途不但繁瑣，困難也正多，此後一兩個月，當為緊張重要關頭，只要審慎應付，大概還不會有什麼問題發生。但願在此期間，精神身體可以支持，那就不需多顧慮了。（民國二十九年六月二十五日）

昨夜整夜傾盆大雨，到現在還沒有停，而山洪暴發，南泉花灘溪水驟漲兩丈多，目前仍在續漲之中，如果再漲一丈，校長的官舍和我的住宅都有被淹的危險，要想逃過這次水災，除非上游五六十里一帶的地方立刻停止下雨。政校校舍在溪河的西邊，平時渡向東岸，除了渡船還有南泉石橋和堤坎浮橋，如今南泉石橋已在深丈餘之下，那條由政校花了兩萬餘元，由七條木船連接而成的浮橋，已經在今晨六時被大水冲毀，只搶救到三條船，冲向下游的四條船一定是毀壞無疑了。南溫泉有許多房屋倒塌，溪邊建築都沉到水中，滾滾濁流裡，我們已發現好幾座大茅草屋頂順流而下，由此可見上流的災情遠比我們嚴重。學校附近的新村，恰在兩山之間，許多房屋都是土牆，一日浸水，不幾小時就告坍塌，住這種房子的教職員有三十幾家，他們現已無處容身。學校的房屋，無論禮堂、圖書館、辦公所、教室或宿舍，多半漏雨，許多學生夜裡不得安睡，今天早晨又因為無法買到小菜，學校早先儲備的乾菜、醬菜、榨菜之類，都藏在防空洞裡，洞前山洪成河，沒法去取，於是全校師生，中午只好吃鹽水稀飯。

中飯以後，打聽南泉赴海棠溪公路有沒有障礙，因為早晨並無公共汽車或小車到南泉，打聽的結果，方知公路有數處被水冲斷，無法通行，所以我對於到重慶參加美術節的事，已感絕望，可是我仍希望下午可以通車。我從早晨六時起到學校各處視察，弄得全身盡濕；中飯後，有點疲勞稍事休息，睡到三時方起，還是覺得身體不大舒暢，大概是受寒的緣故。但我仍然盼望能夠進城，現在已經五點，最後一次打聽，公路還沒有通，到重慶的意念不能不絕望了。如果城裡也下大雨，今天出席美術節的人恐怕不多，不過無論如何我自己不到總不應該，知道的人或許可以原諒，否則的話只有挨罵而已。

這裡的郵局已被大水淹沒一半，幸好從五點鐘起，水已下退，雨亦稍停，水災當不至擴大，據說南溫泉鬧水，是十幾年來從所未有的事。從前的各次水災，因為這兒人烟稀少，沒人注意，聽說這次倒塌冲毀的房屋在五百幢以上。大轟炸不會來，偏遇到這種大水災，真是南溫泉居民的不幸，令人不勝浩歎！（民國二十九年七月八日）

原來以為廿七日返校，今年就不必再進城了，誰知道國防最高委員會上星期六開會決定，裁撤二十幾個機關，其中有國民大會籌備委員會和選舉總所，這兩個機關都和我的工作有關，所以今早又進城來，指示人員，辦理結束，大概一月中旬，一切事宜可以完竣。以後城裡既沒有事，也沒有必要多來，不過萬一有事要來，連住處都成問題了。這兩個機關的人員至少已經養了半年的老，我早就勸大家另想辦法，一直無人肯聽，現在忽然有六七十人失掉工作，生活頓成問題，也很可慘。至於我自己，兩年以來都是拿這兩個機關的薪俸（去年支總所薪，今年支籌委會薪），實際上我百分之九十的時間精力都在為中央政校工作，對這件事我早就於心不安了，將來可以名符其實的支政校的薪水，而為政校做事，這樣比較問心得過。（二十九年十二月）

三、返黔省親

民國三十一年八月十四日早晨四時廿分，由重慶珊瑚壩乘飛機起飛，七時即抵昆明，下榻於交通銀行經理吳任滄兄家裡，因為交行有一小汽車，原訂十三日赴貴陽，任滄兄收到我的電報後，叫那部車子遲開兩天，所以我能在十五日早晨八時半，和交行人員三人同乘一小汽車，自昆明啟程，下午六時便抵盤縣。這一路的迅速舒適，出我意料之外，因此並不覺得怎麼疲勞，由於時間太忽忙，未能事先電知家中，到盤縣時並無一人迎接，這樣正合我意，否則隨便來個三兩百人，那麼招搖，那麼麻煩，絕不是我所能忍受的，抵車站後自己雇了挑夫，挑行李進城到家父母住處，父親母親見我突然來了，也感到驚喜不置。家裡已在城外張家坡（距父母住處約二里）老家，為我預備好住處，以便接待親友，這以後我得每天兩地奔跑。十六日是家母七十壽辰，我竟能早一天趕到，也是當初沒有料想到的。昨今兩天已經拜訪了親戚、族人、朋友、老師和同學三十多家，幸而縣城不大，步行還不覺疲勞。不過回來以後發現若干年老的親族戚友老師已謝世，活著的也都是六七十歲的人了，許多當年年齡相仿的人，見了面已不能相識，二三十歲的更弗論矣。城內街道建築等物，除了新闢汽車站一帶而外，大都沒有改變，雖然破敗，依稀還能辨認得出。初回家鄉，覺得此地風俗環境可愛，民風仍舊樸厚，只發現許多親友都窮得可憐，其他的事還沒有時間去發掘。（民國三十一年八月十五日）

四、宣慰僑胞

民國三十三年元月五日離開重慶，因為是上午十點半才從海棠溪開的車，所以當天晚上只好睡在松坎，總算已經進入貴州省境，六日下午五時到貴陽，有幾十位黨政界的朋友到車站迎接，和民國十六年逃離貴陽的情形，大不相同，未免引起許多感慨。七日在貴陽，除了拜訪黨政界三五位主要人員，和兩三位老朋友之外，其餘的時間幾乎都在接見訪客，總計有七十餘人之多。昨晨八時離開貴陽，九時半方在離貴陽五公里的車站買到汽油，因此動身較遲，走到安順縣和普安縣之間的那段路，遇見大霧，行車極為困難，而且十分危險，下午六時到了普安縣城，就不敢再往前走了。直到今天（九日）上午九時，才到盤縣，因為家裡房屋狹窄，將同來的同事和司機安頓在旅館裡，然後自己回家。

母親的病，雖然已經脫離險境，但她身體很弱，而且年紀也大了，實在不能無所顧慮，最為難的是母親如果住在盤縣，恐怕她的舊病不久又會復發，要請她一同到重慶吧，一來怕她吃不消沿途的辛苦，二則到了重慶又沒有陪伴侍候的人，這種種切切都成問題，我再三考慮的結果，還是請求母親和我同去重慶，可是老人家的顧慮也多，因此直到現在還未決定。

我訂在十一日由盤縣到昆明，在昆明可能有十多天的勾留，如果不去保山和下關，陰曆年底以前可以回到盤縣，和父親母親同渡舊曆年，母親肯不肯和我一道走，那時候總該有個決定了。

今天到盤縣，就碰到此地難得的大晴天，晚間月明如晝，使我心神為之一爽，然而家事縈心，雖然對著明月故鄉，我仍然毫無快樂可言，想來我只有自認命該如此了。

十二日從盤縣動身，當晚六點半到達昆明，第二天就開始工作，一星期以來，從早晨起床，到夜晚十二點或是一點鐘，不是會客，就是講演，宴會……。

二十八日晚間到達貴陽後，連日自清晨到午夜，無時不在忙亂之中，現在已經是午夜一時，貴陽的事情大致已經辦好了，明天再忙一天，五日早晨就啟程赴獨山，轉往廣西，估計約三月十日左右，可以回到重慶。

這一次到貴陽、昆明，大受黨政軍及文化各界歡迎，可是整天都在講演，座談，會客，宴會之中生活，實在太不習慣，然而又無法避免或謝絕，因此不但感覺疲勞不堪，而且深切苦惱，因為人雖然在此，一顆心卻還留在重慶，於是總想早早回渝，現在只希望快把廣西應到的地方走完，我就可以踏上歸程了。

到貴陽後令我感慨萬千，人家都以為我是「衣錦榮歸」，可以一吐十六年前所受的寃氣！其實我卻並不這樣想。不過這次到了貴陽，才知道十六年前對我們作威作福的那一批醜類，今天幾乎沒有一個得到好下場的，我雖然並不迷信，但是也覺得冥冥中自有因果報應。當年在此受難的六、七位同志，這次都在貴陽聚齊了，倒是很難得的事，昨天早晨，我約他們同去拜掃當年被害同志李一之的墓，中午請他們聚餐，患難餘生，在十六年後得能把臂歡談，也是人生快事之一。

我這回奉命到滇、黔、桂三省，任務本只是宣慰僑胞，但是竟有若干神經過敏的人，居然會另有猜測，說我又將膺命新職，真是可笑之至。

五日離開貴陽，下午一時抵都勻，去看了三妹夫婦，談話一個多鐘頭，登車再往南走，由於下雨，沿途泥濘難行，汽車駕駛不易，尤其是公路被鐵路佔用的部分，附近新修的臨時道路路面還不堅實，汽車開到離獨山十公里左右的地方，突然陷入泥坑，費了好大的氣力，才把車子推出去，有這這些躭擱，到獨山已經是夜晚九點了。

在獨山住了兩天，七號晚上十點鐘，乘黔桂鐵路的專車南行，汽車和車伕只好留在獨山等候，八號下午兩點到達金城江，車停三小時，我曾下車觀覽，五點鐘再登行程，九號一早抵達柳州，在柳州停留六天，整日忙亂不堪，連寫封信的時間都沒有。十四號早晨去搭乘湘桂鐵路所備的專車赴桂林，可是還沒有走到車站就碰上了警報，在車站等到十點整，警報解除才開車，十五號清晨六時方才到達桂林。

從本月十五號到今天二十二號，又是忙碌不堪，活動的節目，從早晨八點到午夜十二時，都被安排得滿滿的，一直到今天，所有的任務總算已經告一段落，明天再去回拜回拜若干華僑和黨政界的人士，再參加兩次宴會，桂林方面的事就可結束了。連日陰雨綿綿，天氣寒冷，到陽朔和興安縣的泰堤之行只好取消，這樣也好，我將在二十四日早晨乘車返柳州，經過獨山、都匀、貴陽而返重慶，預計三月五號之前，一定能夠到達。

這一次長程旅行，前後足足四十七天，雖然披星戴月，長期跋涉，無限忙碌，可是身體居然能夠勉強支持，每到一處地方，不但受到歸國華僑的衷心歡迎，而且各界人士也都對我表示情緒熱烈，前前後後，我已經講演了六十多次，每一次所講的都很得體。據廣西方面的人士說：中央大員到桂林來的為數不少，可是從來沒有像我這樣受到熱烈歡迎過，我也曾自我檢討在這兒的一切活動和演說，我想我大致還沒有失敗吧！（民國三十三年三月）

五、盤縣奔喪

民國三十三年八月十四日早晨七時一刻從珊瑚壩機場起飛，九點三刻到昆明，下飛機後，出乎意料之外，已經有幾位朋友和僑領在機場迎接，並且為我準備好了住處，盛情難卻，只好一同前往，大家認為我想乘火車再轉公路車絕對不妥，堅持為我預備小車專送，為了不辜負朋友的好意，勉強接受。

當天從早到晚，在昆明接見了幾十位朋友，下午抽空出去買藥，同時再去看看一雄，承他介紹預防傳染的藥片等等，十五日晨六時半，由華橋銀公司派會計主任陪同，乘小車駛離昆明，下午四點就到家了。一進家門，滿心悲酸，熱淚奪眶而出，早已泣不成聲，回憶二月間回家省視父母的情境，竟大相懸殊，感觸之深，可想而知。

我在重慶原已有點感冒，加以在飛機上穿得太少，昆明過夜，又受了涼，傷風越來越厲害，再加上旅途勞頓回家悲慟，所以在十六十七那兩天實在支撐不住了，幸而一面吃我自備的藥品，一面服食盤縣醫師開的西藥，方始漸漸的痊可了。

十七日下午，到離城十里的地方去看先父的塋地，不合適，十八日又到城北美人山祖塋去探磡，在五族共祖成綱公的墓旁得地一穴，大家表示滿意，以我的俗眼來看，也覺得一切都好，於是決定採用。

十餘日來，城內鄉間以至於鄰縣來弔唁先父的人很多（此地俗稱「瞧死」，親戚好友一定要先來「瞧死」，喪家開奠的時候才會給他通知，因此大家都很重視這個禮節），「瞧死」時孝子必須回禮，都得叩頭接見，不免十分勞累。旅昆明的僑胞專派兩位代表到盤縣，本區的行政專員和鄰縣普安縣長都曾親自來弔，還得我特別招待，聽說雲南龍主席也要派代表專程弔奠，免不了又是一番麻煩。

到家以後，家中大小除幼妹和女僕病重而外，大妹二妹和外甥連續染病，病勢都很不輕，近日因為我逼著她們打針吃西藥，方才逐漸痊癒，但是大妹和女僕仍還沒有脫離危險期，她們因為當地沒有醫院住，一時又不能送她們回家，因此只好讓她們住在喪宅，這是使我萬分不安的事，幸好母親安健，稍微叫我放心一些，可是如果這些病人不快好，母親也未始沒有受到傳染的可能，我自己已經盡一切可能的方法防禦，所以至今還很安全，這種病雖然容易傳染，據醫生說只要稍事小心，就不會有問題，我想我總不會有危險的。

喪事如照舊習辦理，三天之內酒席一項至少就得五百桌，需費五十萬元，二千人的孝布，每人約需二十五元，也要五十萬元，孝服三十件（應該服喪而不在家的除外）約五萬元，其餘一切費用約四十萬元，這樣算下來最低限度要花一百五十萬元。因此我決定大事改革，除開近親近支，不致送孝布，也不備飯招待，這樣三天裡面只要開一百五十桌就夠了，算它十五萬元，其它孝布五萬元，孝服五萬元，一切喪事用費四十萬元，也還得花費六、七十萬元，而我來回的旅費還沒有計算在內。

所以要花這麼多錢的緣故，因為盤縣的生活程度受到昆明的影響，除了米價和重慶相同外，其他物價都比重慶為高，譬如鷄蛋一枚需六七元，八寸寬的土布要八十元一尺。

在禮數儀節方面，我的改革也很多，不特為了省錢，藉此也可轉移風氣，對於我的計劃，這幾天裡有若干人贊成，也有若干人作無聊的批評，我對後者只有置諸不理。

家裡的地方狹窄，除了家祭以外，又在一座小學裡借了地方設奠，這樣就可以仿照重慶開追悼會的方式了。我準備每一位客人送一份茶點，以五十元一份計，兩千份計需十萬元，訃告就在這兒用石印製發，每份廿元，只印一千份，盤縣方面不識字的人家不送，有五百份足夠，昆明貴陽各一百份，重慶和其他各地約三百份，字由我自己寫，寫得雖然不好，但求沒有錯誤脫漏就行。在此地印訃告有兩重好處。一來免得週折費時，二來本地只有石印，訃告裡的遺像題詞石印印不出來，當能得到人家的諒解。

葬期現在定為八月十六日，因此十四日家祭，十五日在小學校設奠，十六日出殯，塋地離城約八九里，營葬預備用露營方法，在墓地住三五天。

經濟方面我已有籌劃，大概先後總共籌足六十萬元應該不成問題，至於以後怎樣償還，只有將來再說了。

父親喪事經過三星期的籌備，大致已就緒，後天家祭，十五日在師範附小設奠以便各方面舉行公祭，十六日上午二時，先發引移靈，九時起送靈柩出城，在街道上走比較慢些，恐怕要到十點半才能抵達城北大橋，送殯的親友就送到那兒為止，我隨靈柩到墳上，大概下午一時可以到了。我想在山上住三五天或是一星期，等墳墓造好，再由佃戶守一個月墳，我就回家料理結束的事情，希望九月一日到五日之間，能移動身到昆明，九月十日左右回到重慶。

貴州省吳鼎昌主席委託本縣縣長代表致祭，倒還簡單，雲南省龍雲主席派平彝縣縣長來祭，還有普安縣長和大鄉紳三五人來祭，招待就麻煩了，只好租一家旅館備用，在這裡除了誄詞和輓聯以外一概不收，所謂提倡改革，充其量只做到一半，用素箋寫誄詞的固多，祭幛也還收到了卅幀，輓聯更多達一百二十多副，留在重慶的還不計算在內，這種無謂的耗費，真是可惜。

十六日凌晨一時，我在家等候二時到三時奉移父親的靈柩出門。

喪事，可以說已經辦完了百分之八十，前天昨天今天，一連晴了三天，一切事辦得都很順手，十三日晚招待幫忙的執事人員約兩百人，昨今兩日招待來賓飯食約計一千二百人，總共開飯一百六十桌，明早出喪招待約四十桌，跟原先估計的二百桌之數，到還沒有超出，今天上午假師範附小設奠，到場弔祭的約一千人，每人敬茶一杯、價值六十元的餅一枚，除了集體公祭外，各機關團體等都是分別弔祭，以致行禮的時間繼續到二時半之久，我和二妹肅立還禮，勉強支撐到最後，一連兩次幾乎要昏倒，居然也就這麼撐過去了。二妹病癒不久，她當然比我更苦。雲南龍主席和民政廳長派平彝縣長代表，專程到盤縣致祭，貴州吳主席派的代表就是本縣縣長，貴州民政廳長則派鄰縣的晉安縣長為代表，此外安南縣長是從一百多公里開外趕來的，還有從鄰縣遠來參加祭奠的十餘人，都得特別招待。一切的祭禮都有所改革，到還能得著若干人贊同。這次辦理喪事，在盤縣除開至親的祭席祭幛，豬羊三牲等不能不收，其餘親友只收誄詞輓聯，送錢的人不拘數目多少全部當場婉退，還好沒有人說閒話。

今晨的儀仗，只有一座像亭，一座銘旌亭（以委座親筆題字擱置其中），和委座再電貴州省政府致送的「穆竹清風」匾額（用紙寫好貼在木框子裡），後面就只是執紼人員而已。好些人要我把祭幛卅餘幀，輓聯一百八十副，雇人抬起，走在靈柩前面，作為儀仗的一部分；又有許多人提議按照老規矩，用高腳牌寫上我自己以及族人做官的官銜，列為儀仗而來炫耀於人，我都認為可笑，一概拒絕採用，因而曾使一部分人大不高興，我也就不去管他們了。

今早二時半發引，九時起出殯，我跟著靈柩上墳山，要住五天到七天才能回家，再留一個星期，結束一切，就可以動身回重慶了。（民國三十三年八月十六日）

六、獨山之役

民國三十三年十二月四、五、六日，三天裡軍情極為緊急，自從我軍出擊，將敵軍阻截在平舟，收復了八寨，然後又奪回了獨山，形勢就比較穩定一些。獨山收復以後，大軍逐步向南追逼，現在六寨也已克服，可以說貴州省內已無敵蹤，局面更加好轉了。

貴陽的人心漸漸安定，只是日用品物價，要比緊張以前漲了一兩倍。我唯恐疏散太遲，會妨礙軍事交通，因此儘量鼓勵民眾疏散，時至今日，雖然已經疏散了幾萬人，但是先後逃難到貴陽的軍事有關人員和他們的眷屬，以及普通難民，仍舊還有兩三萬人之多，同時援軍陸續開到，貴州交通不便，將來一兩個月後，糧食供應一定大感困難。

四天以來，我除了忙著指導地方政府招待，協助過路援軍以外，大部分時間都用於督促收容並接待難民，到今天早晨為止，五個難民所已收容四千幾百人，陸續來的還有幾千人。所以今天下午我已緊急應變，把省黨部、省青年團部、市黨部等等機關，統統改做難民招待所。

文化界人士留在貴陽的，總共有四百多人。我決定把他們之中的婦女小孩用汽車疏散，其他的人補助旅費，步行出發，他們差不多都是要到重慶去的，迄今送走了七十名婦孺，剩下六十七位明天乘車啟程。華僑中比較有錢的都已經幫助他們離開貴陽。

我們這一次南來的作用，遠超過自己事先的估計之上，近日有人說：「畢竟貴州人比廣西人高明點，那些廣西的黨政高級人員，形勢一緊急立刻就先跑，我們貴州的中央大員反到在這麼危險的時候來貴陽。……」這種話說來也未嘗沒有道理。

今天下午視察各難民招待所，見到難民們形形色色的慘狀，心裡萬分的難受！每當我看見一個小女孩，我就會想起，假如我自己的女兒不幸淪落到這種地步，我將作何感想？我將有甚麼話說？這些婦女孩子，都是人家的妻兒或者是愛人，她們自己在這麼樣的受苦受難，而她們的父母丈夫愛人生死未卜，她們的內心裡正有著多麼深鉅的悲痛！

回想我們七年半的戰時生活，安居樂業，足衣足食，又跟平時有甚麼兩樣？如果拿我們的生活來和這些受難的同胞比比，試問我們有那一個人能夠不感到內心慚愧！

我這次能有這麼好的機會，趕來撫輯流亡，為千千萬萬的難民服務，不但對公家聊有貢獻，我個人心裡也覺得無限的安慰。至於貴州人見我能在危急之時遠來和他們共患難，因而給了我很高的評價，那是還在其次的事情了。

十四日率領貴州各界黔南慰問團團員十餘人出發，當晚宿貴定，十五日宿馬場坪，十六晚上到都勻，沿途慰問受難同胞，視察並指導救濟外來難民的工作，沿公路所經各地民家，或被散兵，或被土匪，或被饑寒交迫的難民搶劫滋擾，可以說是十室十空。都勻城居民約四千戶，被燒的達三千家，全是散兵亂民放的火，無家可歸者，達二萬數千人，損失在三十億左右！今天停留在這裡工作一日，明早就去獨山，估計要在十天以後才能回貴陽，年底之前回重慶是無論如何來不及了。

近日雖然很忙亂，但是工作得非常起勁，身體也好，飲食更佳。這一帶天氣極冷，山巔的積雪還不曾溶化，似乎根本就沒有天晴的希望，幸好我把皮大衣帶來了，否則真是無法抵禦這樣的嚴寒，那我一定會生病。

在都匀所寫的信，臨走時事情一忙，竟會忘記投郵，一直到獨山才發出。獨山郵局人員是和我們一同進城的，所以那一封信是獨山郵局恢復業務寄出的第一信，很值得紀念。

獨山城裡城外的房子，燒掉了百分之九十七八，這麼大的一座城，剩餘的房屋寥寥可數。慰問團到獨山已經四天了，除了以一百萬元慰勞追擊敵人的部隊，並撥出三百萬元充作地方受難人員緊急救濟之用，可是城裡的居民早已逃避一空，最近十天以來，回縣城的只有一兩百人，因為大多數人即使回來也找不到容身之處；現在城裡有六七千位難民，他們之中多半是先被敵人截在後頭，四散逃進山裡，等敵人退卻再出來的。這些難民曾遭敵人搶劫，然後又被土匪擄掠，有被搶十次八次者，其中以鐵路員工和他們的家屬佔多數，總之，難民裡除百分之五到十是真正的老百姓，其餘都是公務人員和眷屬。最慘的是老弱婦孺，從柳州到獨山，這次餓死凍死，或被殺害的至少也有五萬人，自獨山到貴陽因凍餒而死的亦達數萬人，悲慘的程度決非筆墨所可以形容。因此我每到一處總是立刻指揮黨部團部工作人員，協助政府救濟難民，我認為這是當前最重要的工作，人命關天，刻不容緩！我覺得我這樣出外工作，確實比在重慶當都長有貢獻得多，雖然不免吃苦冒險，但是我只求於人有利，對公家有貢獻，我就死也安心！

二十六日回到貴陽，立刻就忙著辦理中央戰時服務督導團各隊出發的事：其中有筑昆、筑湘（到沅陵為止）兩縣各隊，和獨山、都勻兩縣各隊，我把他們在元月二日送走以後，接下來又要進行遷移辦事地點和住所，忙忙碌碌直到昨天方始大體告一段落。而每天訪客太多，想得片刻的休息都不可能，我原想從獨山回貴陽後就轉返重慶，詎料中央有戰時服務督導團的組織，指定交我指揮工作，為期共是兩個月，這也就是說，我的任務將要到二月中旬才能完成。

這幾天貴陽的天氣極冷，通常只有華氏卅五度，終日細雨霏霏，泥濘載道，走路稍不小心，就會滑跌摔倒，過些時要到貴州南部去，吃苦冒險的事還多著呢。

二十七日下午二時半回到重慶。

七、勝利收京

民國三十四年十一月十日，上午九時三刻起飛，下午一時三刻便平安抵達南京，暫時住在勵志社，吃過飯，馬上到上海路合群新村，和傅厚崗等地去著房子，我在合群新村的那幢房子還好，損壞的部分很容易恢復，不過屋裡的家具器物蕩然無存，竹籬笆零亂不堪，園子荒蕪得不成樣子，花草樹木，毀死不少，留存的都長得很高大了，此外浴室還算完整。我在上海路那幢房子已很破舊，樹木還好，原來的家具只剩椅子小桌六七件，勉強可以住人，這是我留周振武住在那兒的功勞。

晚赴卓衡之同志約，吃過晚飯，和冷容菴同志到他的寓所長談。十一日早晨去陸軍總部，訪蕭參謀長，冷副參謀長，商洽接收前公餘聯歡社房屋事項，和蕭參謀長到公餘聯歡社察勘後，蕭決定由公餘聯歡社及文化會接收。中午馬市長約宴，下午視察國民大會堂，晚上南京黨政軍各首長公宴孫院長和我，以及同來的同志多人。

十二日是先總理八秩誕辰，早晨八時謁陵，看不出什麼損壞的痕跡，只是陵園新村的房子一幢都沒有了。十時參加首都各界紀念總理八秩誕辰大會，孫院長主席，後來吳秘書長也趕到參加。我雖然是主席團之一，但是因為時間已晚，不願演說；中午我一個人到龍門飯店用餐，吃了一盤炒蝦仁，一盤金銀肝，一碗菠菜鷄片湯，連茶飯小賬一共付了一千八百元，比重慶便宜多了，可是較一月前的南京物價漲了至少五倍。下午視察國民大會堂，考慮怎樣修理。四點半到六點半在太平路一帶步行，看看商店物價，據說一般物價和兩個月前相比，漲幅高達十幾倍。

晚間八時訪孫院長，十點去看吳鐵老，一同到中央飯店隔壁的大明湖澡堂沐浴，鐵老說：「這是抗戰八年以來，第一次洗了一個舒服澡。」當時我也頗有同感。

十三日一早，訪客極多，下午兩點又到公餘聯歡社和唐先生商量接收房子的事，兩點半和劉光斗、徐工程師研究怎樣修理大會堂，下午四時回勵志社寫信給葉楚傖、洪蘭友，說明我對修理大會堂的意見。

南京城裡秩序很好，處處安靜寧謐，可是還沒有完全恢復從前的熱鬧繁華氣象，十日十一日天晴，感覺非常痛快，昨今兩天天陰，但仍覺比在重慶新鮮。勵志社已整修一新，只供住宿，沒有餐廳，甚為不便。這幾天幸虧借到一部汽車，否則跑來跑去真不方便，昨天坐一次洋車，覺得遠較重慶舒適。目前在南京，八點以前到外面吃早餐，只有吃小館子裡的稀飯，所以我準備了些蛋糕作為早點，可是既無咖啡也沒有鷄蛋，稍許覺得不習慣。

連日雖然忙碌，但是睡眠還好，飲食方面，由於應酬太多，簡直無法注意，不過我還是在吃張簡齋的藥，希望到上海後不致太累。在南京最重要的工作是接收辦公房屋，但願明後兩天可以辦完，十六日能到上海，兩星期後回南京，再住一星期左右，我就回重慶了。

這幾天心神極不寧靜，很像大禍臨頭的樣子，果然，今天下午五點接到家信，說是母親生病，信上雖說病勢已經減輕，可是族叔附來的信卻叫我自己斟酌，是不是應該回家一趟。我心裡明白，一定是母親的病還沒有脫離險境。

我原想取消回南京的計劃，兼程趕去盤縣，可是一切都準備好了，已經來不及更改，我只好先回南京。萬一母親病重，我一接到電報，立刻就由上海直飛昆明。（民國三十五年四月）

八、首都撤退

三十八年元月二十五日下午三時半，參加立法委員座談會，討論遷往廣州的問題，我還發了言，當時沒有一個人知道我明天早晨就要離開南京。廿五日上午十一時，李宗仁約我談話，我準時去了，心裡不免有許多懷疑，到他家後等了一刻鐘，還不曾延見，我又覺得有點奇怪，後來他的副官來說：因為居院長沒有談完，請我再等幾分鐘。不久，就請我進去，一看，居院長還在，我隨便應付了十五分鐘，翁文灝又來了，我正慶幸人一多可以避免談什麼問題，果然談了二十分鐘時局我便起身告辭，並且表示要是再有機會，我將貢獻一點意見。六點鐘後回到家裡整理一切，不會客，也不接電話。廿六日早晨五點鐘起床，六點三刻出中山門，先到總理靈前行禮告別，汽車迎著一輪旭日向東行進，當時陽光普照，郊外空氣清新，四週氣氛寧靜異常，然而我卻懷著極沉重的心情，離開了我們的首都。簡直訴說不出心裡是什麼滋味，整個人都覺得麻木了。

車子開上了永安公墓對面的公路，本想開進墓地，到母親的墳前告別，但是因為車子過重，不易前進，如果走路過去，又怕腰痛作礙。只好在公路旁的小山頂，遙遙的向母親墳墓拜別。

前幾天曾聽人說，京杭國道路上有傷兵騷擾過往車輛，一路很躭心事，幸而沒有碰到。到了天王寺附近，卅二號車後面的彈簧斷了，大費手腳，勉強修補前進，速度只敢開每小時十二公里，因此下午七點才到宜興。進了城先到精一中學，但見學校裡已經住滿了兵，再找到伯威兄的新房子。由於今天早上起身時家中斷水，大家都沒吃早點，路上每人也只吃了幾片麵包，直到晚上八時，才在伯威兄家裡吃晚飲，所以人人狼吞虎嚥，連我都吃了滿滿的兩碗。

廿七日早晨我和伯威兄出城，到車站找站長，遞過名片，陳站長立刻答應代尋技工修車。這位陳站長曾在貴陽工作三年，日軍侵入貴州南部的時候，我在戰地和貴陽的工作情形，他都知道，同時他也曉得我是盤縣人，對我相當敬佩，因此我才得了他的熱心幫助。十一點多，車子修好，據說開到杭州是決無問題的，於是我們吃過中飯就離開了宜興。在抵達長興以前車子始終不敢開快，後來在路上計算時間，這樣開法當天絕對趕不到杭州，所以我就叫他們加速行駛。開快車不到半小時，卅三號車後胎爆炸，幸好有備胎，花了五十分鐘換上。原來打算到不了杭州就在武康過夜，但是換胎以後，冒險每小時開四十公里，到武康一問城裡沒有旅館，我們再鼓勇前進，居然在七點多鐘，平安無事的抵達杭州。

杭州的旅館大都客滿，我們到時剛好有許多住客回家過年，因此在西湖飯店找到兩個小房間。八點鐘原想上「樓外樓」吃西湖醋魚，但是已經打烊，只得進城去找飯館，大多數的飯館都關了門，好不容易找到一家小館子，大吃其麵和年糕。旅館房間雖小，倒還可以住。

伯威兄還不能決定要不要離開宜興，我跟他稍微分析了一下共產黨的作風；不過我不敢多說，因為我恐怕他萬一不能離開的話，反而會增加他的恐怖之感。

南京方面的情形，廿五日只能開出兩班車，下關一片亂糟糟的，旅客只要能夠擠上火車就行，買不買票根本就沒有人管。各機關都在加緊疏散，就是苦於交通工具缺乏，像立法委員、監察委員和中央黨部職員就需要八百人乘的火車，那一天能夠走得成還不知道。共匪已到浦口，假如向車站開三五十砲，車站一燬，秩序必定大亂。

三十八年四月二日清晨，匆匆趕到車站，幸好沒有誤點，車開時，窗外細雨霏霏，一小時後，大雨滂沱。到上海西站，雨勢更如傾盆而降，幸虧有人來接，否則必將困在站上，無法離去。今天上下午都要開會，是否要去廣州，大致會後可以決定，因為七號廣州有重要會議，要去的話行期或在四號五號，最遲也不能超過六號。

上海現鈔奇缺，昨天早晨在杭州車站，他們都沒有現款，罄我所有，再加上三塊鷹洋，才解決車票問題。因此到了上海我竟沒錢吃中飯，好在用餐的地方是青年館，我掏出名片，自我介紹，賬房才准我欠下三萬三千元的飯費。當時我也曾拿出五元美鈔請他們找補，可是飯館實在找不出來。前天上海大頭（銀元）價格竟然高過美金，昨天美金的價格方始稍微提高；上海的金融這麼混亂，以後還不知道將會亂成怎樣呢？

昨天中午開會，決定約集在上海南京兩地的中央常務委員，和中央政治委員會委員，同乘六號早晨的專機飛廣州。我本來希望下午四時搭車回杭州一趟，明天下午再乘車赴滬，可是現在已經辦不到了！因為今天下午四時和明天早晨都有重要會議要開。我現在真是心亂如麻！

在上海兩天，根據所得各種資料判斷，對於和談前途，毫無樂觀跡象，只要聯合政府成立，我們就等於失敗投降。又聽到平津各地逃出來的青年學生和社會人士說：在共黨控制之下，除了一切聽命於他們，要想生存，絕不可能。他們最簡單的辦法，就是對於他們認為不需要，或不肯附和他們的人，一概不配給糧食，乾脆把你活活餓死。到那時候，縱然有金銀在手，不被沒收，也無法使用。

九、自穗來臺

我定於明天上午九時，和十幾位中央常務委員，從上海江灣機場乘專機赴廣州開會，只要中央不堅持非留我在廣州不可，大約十天左右即可回到上海。這一次和談，如果成立聯合政府，那麼我勢將遠走廣州、臺灣及福州，絕對不能再留在滬杭兩地。以上三處地方，自然最好是到臺灣去，免得一遷再遷。今天和虞文詳談，據說在五百元美金之內，就可以在臺北頂到很可住的三五間房屋，而且還是獨門獨院，這在上海是無論如何辦不到的。至於赴臺灣的旅費，一個人至多美金六七十元，同時臺灣的生活程度並不高於上海，有三百塊美金，就能換到臺幣兩千萬，每月收六七百萬的利息，足可應付一個月的生活費用，在臺灣有許多人都是這樣過活的。如此算來，旅費、頂房子、買家具，連同一年的生活費，就算一年以後兩千萬臺幣貶得不值一文吧，有一千塊美金儘夠生活一年了。（民國三十八年四月）

六日上午十時，從上海江灣機場乘軍用專機起飛，下午三點多鐘到廣州。到此三天半，大部分時間花在開會、宴會、拜客和接待來訪朋友，攪得頭昏腦脹。七日從上午九時到午夜一時，除午晚兩餐時間以外都在開會。這裡的中常委和立委同仁都不讓我回上海，可是我卻非回不可，迫於無奈我只好告訴他們我只要回上海一星期就再飛粵。

廿六日我和谷君抵達龍華機場後，直到下午三點一刻才起飛，晚間八點半左右降落廣州白雲機場，由中國航空公司的大客車送進城，我取了行李搬到旅館，時間已經是十點多了。在旅館裡住了兩天，因為太鬧，而且自己心神不寧，睡不成覺，廿九號改住交通銀行二樓宿舍。宿舍人不多，雖然比旅館清靜，但是窗戶外面就是大馬路，車輛行人和廣播音機的嘈雜聲浪，從早晨七點到深夜一時，一直吵個不停，因此還是無法成眠，現在只好希望多住些時或許能夠習慣一些。昨天朋友介紹去看房子，兩臥一廳的中上等洋房，有衛生設備和小廚房的，每月租金要港幣三百元，預繳八個月房租，實際上卻只能住六個月，其中兩個月的房租叫草鞋費，算是租客白白的犧牲。照廣州目前的情形來說，像這樣的租價還不能算貴，我們去的時候，早已有人捷足先登了。

我在這兒吃住都成問題，如果能夠租到房屋，找兩三個單身朋友同住同開伙食，既經濟而且也安靜，可是就不知道能否如願。今天我才曉得英法各國的民家，拿多餘房屋租給別人的習慣實大有可取，可惜我國大都市都還沒有這種風氣。至於立法院的宿舍，我是不想去住的，因為幾十位委員住在一起，很容易鬧是非，同時也無法得到安閒，其結果一定是得不償失。

大局仍然不可樂觀，如果淞滬決戰能予共匪重創，而桂、粵、閩各省也能趕快增加

並部署兵力，以確保最後基地，那麼大事還有可為，否則的話，二三個月後或者會更嚴重。（民國三十八年四月）

根據這幾天從上海傳來的消息，戰事還沒有在近郊展開，而上海的物價暴漲，居民不但安全受威脅，食物方面，尤其大感困擾。

九八七號汽車卅日已從上海運上寧遠輪，不日可以到廣州，花了不少錢的運費現在還不曉得。廣州市面很大，我的公務又繁，沒有車子簡直不能出門，要等車子到了才能夠解決這一個行的問題。

政治上核心問題很多，如果不能解決，不出兩個月一定會有大變故。我準備十多天後到福州、臺灣去一趟，除了隨身衣物外所有的東西我都將帶到臺北，因為無論如何臺灣總是最安全的地方。

天天想來臺灣，而遲遲不能成行，心裡真是萬分的懊惱。前天已經訂好十二日飛福州的機票，原想在福州停留幾天，就飛臺北，結果昨天又因為臨時有事，不能離開廣州，只好把票退掉。現在是更不曉得那一天才能夠走得成了！戰局不可樂觀，時局越來越緊，也許就在月底以前，我不想來臺灣還不行呢。

我現在住的地方，本來已經有了六七個熟人，再加上許多立法委員住在附近，每天除非我不在家，成天不斷的有訪客，往往到夜裡十二點甚至於更晚，還有客人在座，我雖然萬分厭倦，卻苦於無法避免。從十二號到十五號，下午晚上都有會議，忙亂倒還不在乎，偏偏令人憤恨的事情太多，因此使我精神上非常痛苦。十四號晚上冒著暴風雨出去開會，路上受了風寒，喉嚨啞了，胃部更疼，直到今天才好些。

大局前途無望，我無時不想離開這兒到臺灣，然而在這樣危急的局勢之下，以我的地位和各種關係，還有我所負的責任，我實在是不能離開。我對於局勢的艱危並不憂懼。廣州已經開始疏散，人心不免慌亂，交通工具也在漸漸的困難起來。我們的機關將要搬到那裡，一時還沒有決定，不過我是無論如何都要先來臺灣的，目前所躭心的只怕臨時找不到交通工具。

汽車運到廣州碼頭，前天才提取出來，又多花了一百多塊美金。我本來想把它賣掉，拿賣得的價款還掉在上海所借的運費，可是這兒跟兩三星期以前的上海一樣，汽車沒有人要，即使想賤賣個六七百塊美金也找不到買主。廣東各地的公路，不是已經不通就是路上有強盜土匪，車子當然開不出去。現在只有找論船運到臺灣這一條路子，萬一運到臺灣還是不好賣，那就又吃大虧了。實在想不出辦法，到時候也只好丟在廣州了事。

現在我只兩套夏衣，實在是不夠換洗，我本來想到香港去買一套，可是始終沒能去成，幾天前將較厚的那套送去乾洗，於是就只剩下一套了。偏巧那天碰到大雨，天氣一涼簡直找不到衣服穿，幸虧陳惠夫借了一套衣服給我，穿了三天，這真是我生平從所未有的事。蘭友送我一件衣料，昨天已經交給裁縫去做，要一個禮拜以後才能做好，我希望到時候能夠拿到手，因為在這兒究竟還有幾天可住，那是誰都料不準的。

幾天來天氣太熱，整天忙得昏頭昏腦。我的住處簡直是門庭若市，訪客絡繹不絕的來，所談的話題無非是關於當前的大局，聽了徒然惹人生氣！連一樁足以告慰的事情都沒有，各地消息傳來，更沒有絲毫樂觀之處，在這種情形之下，我實在沒法再支持下去！我早就想要離開此地，只是因為有事纏身無從擺脫，立法院月底照例休會，與我有關的事可能了結。倘若谷正綱能夠早來廣州，我就可以自由離去。現在我決心在廿五日到月底之間動身，要是有船赴高雄，我便到高雄暫住幾天再上臺北，否則我或者乘船或者乘飛機先到臺北，再轉高雄。

我現在覺得一切事都沒有希望，既不能為黨國力挽狂瀾，也只有暫求苟全性命，希望能有一兩個月的安定靜養，使精神身體稍微恢復，或者還能再鼓起勇氣，為黨國作最後的奮鬥。如果老是這麼拖下去，我真有自殺的可能。我對黨國的貢獻雖然不多，但是我也並不曾做過任何有負黨國的事，我這顆心跟我的意願，是可以對天發誓的！

第二部：雜文

《文藝創作》發刊詞

兩年來自由中國的文藝運動，隨著反共抗俄的高潮，呈現了空前的蓬勃。無數忠於民族國家的文藝作家，各各發揮其高度的智慧與技巧，創作了許多有血有肉可歌可泣的作品，貢獻給戰鬥中的軍民同胞，使我們驚喜於中國文藝復興將隨著中國民族的復興而開拓了無限燦爛的遠景。

可是，因為出版方面的困難，以及報章雜誌篇幅的限制，使得優秀的文藝作品雖然產生很多，而發表的機會始終很少。

本會自去年四月成立以來，一方面竭力獎勵文藝創作——一年來在本會激勵鼓舞之下，從事反共抗俄文藝創作者達三千餘人之多，已得本會獎金及稿費作家共計四百餘人

——一方面將得獎及採用之作品，向有關之出版機構及報章雜誌介紹發表，曾以《紫色的愛》，《疤勳章》，兩部小說，委托正中書局出版，以《如夢記》一部小說，委托重光文藝出版社出版。以近三十萬字的短篇小說、詩歌、文藝理論，介紹中華、新生兩副刊，火炬及其他刊物發表；以二十六萬字的短篇小說、詩歌、劇本、鼓詞、小調等，寄往南洋、印度、細拿大、美國等各地華僑報紙發表，本會並直接印行《反共抗俄歌詞選》一種。（除各電臺廣播前後約四十萬字不計外），上列印行發表數字，共計在八十萬字左右。這個數字雖不能算小，可是與本會一年來所收穫之文藝作品中全部文字稿四百萬字來比例，僅及五分之一。本會深感文藝作品不能大量發表，不僅埋沒了作家們的心血，減少思想戰精神戰的力量，且將低抑了作家們寫作的情緒，阻滯了整個文藝運動的發展。且報紙副刊，對五千字以上作品即感無法容納，各出版機構，對於銷路較窄的作品，因成本不易收回又多不接受。本會復深感很多份量較重的長篇巨著無處發表的苦悶，思維再四，決定在經濟條件極端拮据之下，自本年本月份起發行本刊，為自由中國的文藝作家們開創一廣大園地，為忠貞的軍民讀者，提供大批精神食糧。茲當創刊伊始，願預為文藝界闻仁及廣大讀者告者：

一、本刊為不定期刊物，至少月出一期，視各月事實需要，或能增刊。

二、本刊出版後，當精選優秀作品，另印單行本。

三、本刊各期發表之創作，以本會得獎及錄取稿為主。

四、本會所採用之作品，將一律予以刊出。早已成名作家的作品，有其深厚的感人力量與特殊的藝術造詣，固受讀者的歡迎。即新近成名作家的作品，也都是忠愛國家民族之文藝戰士心血的結晶，不失為這時代忠實的紀錄。亦必為讀者所重視。

五、有關當前文藝運動之理論及對優秀作品之批評文字，特別歡迎投稿。

最後，希望文藝界的同仁及廣大讀者隨時隨地賜予本刊以指導、鞭策與支持。

（原載《文藝創作》第一期，四十年五月四日出版）

《蓮漪表妹》序

潘人木女士繼短篇小說《如夢記》之後，又完成這一部長篇小說《蓮漪表妹》；《如夢記》的問世，給她帶來很大的榮譽，這部《蓮漪表妹》，更顯示出她精湛的修養和無限的才華。這是她寫作的開始，她的天才也決不止於此的。

這部長篇，充滿機智與詼諧，有時是半甜半辣的幽默；一字一句，均耐人體味。描敘的筆鋒，如精練醫師手中的解剖刀，在優閑不迫之中處處見到細緻和敏捷。行文如一派清泉，流過花草繽紛的巖壑，淙淙汩汩，一步一個新天地，一轉一個新境界。有時看似過於簡婉，流於晦澀，但若肯細心玩味一下，一絲興趣也就漸覺盎然。作者這一長篇的文體，仍和《如夢記》一個軌轍，在清新委婉中流瀉出簡潔單純的美。繁重累贅的新小說，也許不適合於中國的讀者，也許中國許多小說作者尚沒有把它鎔鍊成藝術的形式的原故，一般讀者即使抱著很大的耐心，而注意力仍不免為複雜冗沓的描寫給分散割裂了，留下一片糢糊，不知所云。潘人木女士小說的文體，似乎可以改正這種缺點，容易為廣大國民所接受，且也顯示了中國小說一條平坦的正確的道路。

在佈局和結構方面，作者費了很多心機，雖然仍含有不少的小疵小瑕，可是大體上是巧適而嚴密的。在處景方面，於自然景物及都市景物，均著墨不多，疏散錯落，饒有風致，使人生親切的感覺。三十一章後，寫匪區事物，略嫌缺乏深刻。在人物描寫方面，成就最大，每一人物，均給予逼真的形象，現出其個性與靈魂。尤善於比擬。如形容小唐為「很像支直立的橡皮頭鉛筆」；形容吳文為「不知是雀斑還是縐紋，弄得那張面孔像個沒洗淨沒熨平的椅墊」；形容胡學禮為「生得十分像個戴著眼鏡的貓頭鷹」；形容匪諜倪有義的演講為「頗能做到旁若無人的地步，視我們如剛才飛去的喜鵲」；均是十分傳神的描寫。白蓮漪父親的偏激，母親的卑屈，錫子的真摯，趙白安的豪爽，侯婉如的唯物，張心宜的唯心，匪諜們的詭譎陰險，大學生的衝動盲從等等，在各種不同時間不同空間裡，作者也逐步加深了各種不同的色彩，而這些色彩，仍是介於木炭畫和清淡水彩畫之間的一種清潔單純的描繪。

作者對於女主角白蓮漪，則用了較豐富較鮮艷的色彩，從各方面來描繪她，使她形象凸出而擴大。白蓮漪是這一時代驕縱自私的女大學生的代表人物，她生命裡包蘊著多量的諷刺的元素。天生麗質，使她驕傲如「皇后」，睥睨一切，而以環繞她的一切人們為「臣民」。同時家境的窮困，物質生活的寒傖，使她偏激，使她懷著不可言說的嫉妬，使她不滿一切現實——從家庭、學校，到整個中國社會。她不是屬於向內性的一型人物，不願使自己陷於憂鬱，而寧願去苦惱別人，苦惱她所有的「臣民」。為著生活和婚姻的不滿，她苦惱她的母親，她的姑父母，她的表姊妹，她的未婚夫，為著「鋒頭主義」，為著驕傲，她苦惱凡是讚美她崇拜她或是妬忌她的同學，她有著暴君的變態性格與心理。在第十五章中作者如是的描寫她：「二姐！你知道這部汽車為什麼大聲按喇叭嗎？」

「當然是提防相撞！」

「我不那麼想，它是看見了對面那部新車，」她說：「而你沒看見新車裡坐的什麼人？這部舊車在說：別臭美，你所載的是個不值一文的妓女！」

「真奇怪，車子在你看來都有思想！」

「那匹馬，那拉大白菜車的馬，它在吐沫，也是有意義的，因為它看見娶新娘的玻璃馬車」，她又接著說：「不過，我覺得它儘可不必吐沫啊！玻璃馬車雖神氣，但如何像它那麼自由自在的遨遊著，呼吸田野間的芳香，而又不必趕鐘點！」

「若是它真的如此想就好了！」我答道：「我看它倒想套到玻璃車上去，它的毛色也的確比那一隻好一點！」

於是她笑了，因為沒有大風，所以她笑得很響。

「倒不必，叫那車老闆苦惱苦惱的好，它的吐沫也許為了這個意思！」

白蓮漪這樣展覽了她的靈魂！這樣驕縱自私專愛苦惱別人的「皇后」，卻禁不住匪諜的引誘欺騙，先失了身，接著再失了靈魂，讓匪徒們毀掉她美麗的青春，拆掉她理想的翅翼，玩弄於掌中蹄下，遭歷盡欺侮，蹂躪與迫害。

失足之恨，不堪回首的。她瞧不起洪若愚，卻和洪若愚生了瞎孩子；她瞧不起沈積露，卻因而下了匪獄；她瞧不起第一以下的，卻做了洪若愚的第二個太太，且扮演「姨太太」來虐待自己的精神；她自居捐獻金鐲子給匪諜有功，而結果卻被匪徒清算鬥爭得很慘，她瞧不起她可憐的姑父，而最後救她一命的仍是她的姑父。最大的諷刺是，她過去一味苦惱她母親磨折她母親，而結局卻又讓自己的私生子洪流來苦惱她磨折她。當她回北平途中被兒童兵扣留時，她說出要看孩子的理由，洪流卻教訓她：「媽媽看孩子！

好像咱們不是被人賣，被人扔在垃圾箱裡，被人換米吃，被人自動趕出了家，被人送領過似的！好像咱們都有好媽媽似的！媽媽看孩子！從未聽說過！不成理由！」

沒有愛、同情與寬容的共匪教育，使洪流與蓮漪之間的距離被拉得很遠。後來洪若愚以「侄兒」名義接洪流和她相見相處時，瞎孩子冷淡她諷刺她又侮辱她，她除掉默默的忍受，像當年她母親對她乖戾行為的默默忍受外，還能做什麼呢？直到和金大夫共同逃到深圳，發現瞎孩子袋中的象牙柄小刀及其他紀念物時，她才恍然悟到瞎孩子洪流，便是她日夜懷念的私生子「小離」。她熱烈的吻他擁抱他，傾吐了無限溫暖的母愛，可是洪流冷冰冰的不為所動。她願自己瞎眼而叫孩子恢復光明，「孽障」洪流果如她所求以象牙柄小刀來刺她的双目（誤刺她的肩頭），以「恨」來報「愛」。她靈魂的眼至此完全睜開了，而洪流的眼，無法使它光明；洪流的靈魂的眼，更是黑漆漆的瞎著，以致折回匪區的路，讓匪兵結果他的小生命。

瞎孩子墳上的鮮花，是無香的；白蓮漪的血，也混合著不潔，這是悲劇的結束。「界」的一面是光明，是溫暖，是由；另一面則是黑暗，冷酷與奴役。「界」的一面是人性的善良與真誠，是人情的溫美與芬芳，另一面則是罪惡的淵藪，鬼祟的地獄。

白蓮漪懷著憎恨的心情，離開天堂走向地獄，直至青春和理想毀滅了，生命和靈魂殘破了，才知天堂的美麗，又懷著憎恨離開地獄，可是她已完全無救了。這足為意志未定的青年男女們覆車之鑑，也為一切驕縱自私悖性逆情的女性，留一血淚的典型。

（原載《文藝創作》第十二期民國四十一年四月一日出版）

《如此結局》序

摩沙（SPENCER MOOSA）先生，不特是位有名的新聞記者，而且是一個文學家。他先後旅居我國十餘年，對我國歷史文化風土人情，有深切的認識與瞭解；對我抗日剿共的艱苦境遇及長期奮鬥的民族精神，尤寄予深厚同情。基於他崇尚自由的信念及磅礡的正義感，透過新聞報導而給我國很多的幫助。這種真摯的友誼，給我國民以無限慰藉與鼓舞，使我們永遠難忘。

本年春季，摩沙先生以英文寫成一篇電影故事，題名《如此結局》（AND SO THE END），將在美國攝製影片。道藩得讀原作，深感摩沙先生描寫中國人物的生動和對中共匪徒認識的深刻。藉李士陶太太德芬的遭受王摩文的欺騙而產生了孽種王弟弟，勾劃出大陸陷匪的悲劇縮影。李士陶善良而愚昧，所以一再被蒙騙，每次等到發覺被蒙騙的時候，已是追悔不及。德芬則因被欺騙而犧牲。王摩文是侮辱別人欺騙別人的投機者，結果卻死於孽種王弟弟之手；這是古今中外所有投機者的下場，而中國共產黨勢力的造成，也正和王弟弟生命的造成一般無二。

摩沙先生以一外國作家來寫作中國反共故事，能有如此優良成績，實屬不易。尤其在故事中，他用輕描淡寫旁敲側擊的手法，襯托出強烈而濃厚的反共意識，頗可作為我國青年作家寫反共作品之借鏡。所以特請王家棫先生譯成中文，先在本刊發表，再印單行本。

王家棫先生為老作家，現任中央通訊社副社長。生平創作及翻譯名著甚多。這篇譯稿，亦頗為忠實；一方面保持著英文原文的優美風格，另一方面使人有如讀創作一樣的流利。希望我國青年作家珍視這本作品，更希望這篇故事，早日攝成電影，帶給全世界民主國家的人民以智慧與啟迪，在赤禍橫流的六十年代，知道有所抉擇。

（原載《文藝創作》第三十期四十二年十月一日出版）

《李百祿先生木思錄》序

曾子固嘗謂：銘誌之著於世，義近於史，其辭之作，將使死者無憾，生者得致其嚴，而善人喜於見傳則勇於自立；惡人無有所紀則以愧而懼。至於通材達識，義烈節士，嘉言善狀皆見於篇，則足為後法；觀乎此，則知哀誄褒述之辭，體制雖殊於銘誌，要其彌死者之憾，致生者之嚴，義則合也；至若子姓次其先世行誼，見詠嘆紀述於四方之賢豪長者，如清代汪輝祖揚其節母之劬勞，乞言於能文之士，所致凡數百篇，彙刊流傳，永其芸香，斯可謂善述善繼者矣。居今世以余所聞李先生百祿者，臺北縣平溪鄉人，其先本居閩之泉州，自遷臺灣，世親稼穡；先生承業益事墾闢，乃起家，可不謂之勇於自立者耶！清光緒乙未，日軍入臺，逞威嗜殺，先生口爭不懾，全活甚眾；家給既裕，盡心公益。當是時，日本力倡皇化，以絕臺人宗邦廬墓之思，則自去中夏之文字語言，始，先生家塾延師課子弟以國學，南冠楚音，勢屈心重，可不謂之達識，可不謂之節士，可不謂之善人而宜見傳者耶！紹唐昆季弘先生之行，與業日滋光大，各有聲於時；人皆謂先生之義方善教，以紹唐輩之為子，人皆謂必克顯令德於無窮。徵諸茲編之所錄而益信，蓋於是乃足以厚民德，美風化，敘彝倫，篤養生送死之禮；又豈徒著一人之嘉言善狀，法於方來哉！余故樂為之辭，以諗錫類之君子。

中華民國四十四年四月張道藩撰

梁實秋先生譯著書目弁言

自從我認識梁實秋先生以來，就知道他立志要把《莎士比亞戲劇全集》譯完。現在梁先生有志竟成，替中國文藝界新添了一大筆精神財富。

在我們文友中，梁先生是一位風度凝遠的篤學之士；不矯情，不矜誇，不草率；默默埋頭工作，一步一步做去，一本一本譯著；不因世局動盪而游移，不因生活顛沛而中斷。他能得到今天這樣的成就，全屬實至名歸，有如農夫由辛苦的春耕而穫豐富的秋收，決無任何僥倖。

藝術各部門最難交流的是文學。因為文學以語文為媒介，必須善為翻譯，非若繪畫音樂以線條色彩聲音為媒介，可以直感。但最能表現一個民族一個時代的生活思想的也是文學，因而文學翻譯事業，對文化交流的貢獻甚大，近代文化高度發達的國家，莫不有莎翁全集譯本，而且不只一種。就我所知，我國坊間此類譯本亦不乏佳構，可惜有的譯筆過於艱深，有的失其神髓，有的尚未譯完；而能全部譯完，譯筆又忠實優美暢達者，自以梁氏為巨擘。

文學固然貴在創造，但創造如無憑藉，要從開天闢地下手，不免事難而功少。因此，中國古典文學遺產的繼承，和世界文學名著精華的吸取，便成為我們這個時代新文學創造的借鏡。莎翁全集在西洋文學中造詣極高，確有可供研究參考的價值。從這個角度來看，這次梁先生的全譯本出版，實在是文壇上一件盛事，值得我們慶祝。

梁先生手訂的這一篇譯著書目，自民國十六年在商務印書館出版《浪漫的與古典的》一書起，到五十六年在遠東圖書公司出版《莎士比亞戲劇全集》止，包含他四十年來所付的心血，也代表一位文學家對生平抱負所作真誠與不懈的努力。所以我樂於寫此弁言，藉表敬佩之意。

（原載民國五十六年八月六日《中央日報》）

一個堅苦奮鬥的文化工作者

我因身體不適，久久不寫作了，這回，是一股情感的熱流，逼迫著我抖顫的手，非提起這支生銹的筆不可。我要在病中對一個一向為我所佩服而能奮鬥的朋友，寫下一點紀念性的文字。

十三年前，我住在溫州街，記得正是中午時分，一位穿草綠色軍裝的青年軍官來看我，他還送我一本自著的《黎明集》——這是我和張自英先生第一次見面——，使我驚異於他的天才，和他愛國家愛民族的熱情！那時，臺灣在風雨飄搖中，人心惶惶，不可終日；許多有錢的人，都遠走高飛到美國去。在文壇上寫戰鬥詩的更不多見，而《黎明集》裡的每一篇，幾乎都是戰鬥的；難怪當時曾虛白先生稱他為「戰鬥詩人。」

四十八年秋，張自英先生來立法院看我，說他已經退役了，同時向我表示：今後願以烽火餘生，從事於文化工作，希望對社會能有點貢獻。最後說要辦一份畫報，問我可以不可以？我對他搖搖頭，說明這是一條最艱苦的道路，不要去冒險！他聽了我的話以後，大不以為然，帶幾分生氣的神態走了。以後，他一直沒有來看我。我突然接到一份畫報，還是創刊號，內容很糟，不敢恭維。仔細一看，原來是張自英先生創辦的。當時我為他捏了一把汗，失敗，似乎是難以避免的。接著第二期又寄來了，內容比第一期較好，而且增加了半張。到第八期，又由一張半增刊為二張，我對他的看法有了改變，認為他有一股衝勁，不是虎頭蛇尾。眼前遭遇到的困難，可能都將為他的勇氣所一一克服。

前年我在病榻中，張自英先生始終沒有來看我，據文化界朋友談：《世界畫刊》社因周轉不靈，開出空頭支票，被銀行拒絕了往來。還有人說張自英先生違犯票據法，地方法院出了拘票。而且聽說中和鄉的住宅也被賣掉了！我心裡想：當初叫他不要去冒險，硬不聽勸！

病中，精神欠佳，我除了看看報紙的大標題外，對於寄贈的雜誌書刊，實在沒有那份精力去閱讀。但對於每期贈送的《世界畫刊》我對它卻有一份不同的情感，使我想像到創辦人是如何在和惡劣的命運搏鬥，我擔心它會脫期、會停刊！然而，它卻一期期地寄來了，從不間斷！

直到最近，張自英先生來看我，法院出拘票，家裡賣房子，他說這都是事實。直到第三年開始，才從搖搖欲墜的危險情況中扭轉過來。他以嚴肅的態度告訴我說：他是以「不成功便成仁」的戰場心理，來辦《世界畫刊》的，我想也許是憑他這一點決心，在支持著這個事業的。

他還說：在他創辦畫刊最艱苦的第一年中，還舉創過「獎學金」——因為辦法已經公告出去，即使經濟環境再困難也不願對讀者失信——一口氣發出四千多元獎學金，另外還經常做著勞軍的工作——他說他自己是軍人出身，最瞭解前方需要精神食糧。

聽了他這番話，我除了敬佩而外，又不禁為他欣喜，他像一頭猛虎，惡劣的環境，無可奈何他。如今，總算從荊棘叢中走出了一條道路！

最後他說：辦文化事業，最要緊的必須有企業精神，《世界畫刊》，直到最近才建立了一個健全的發行網，目前在國內外已有二十五個分支機構。尤其是無數熱心文化事業的讀者使他感動，很多都是寄來一年或半年的報費。有的作家、畫家不要稿酬，來支持他，臨走時，他告訴我：「做新聞事業，最怕走到黃色、黑色的錯誤方向去，最怕走到招搖撞騙的歧途上去，這一點，可以請您放心，我是牢牢把舵的：目前《世界畫刊》

的內容，自然還不夠充實，還要向這塊園地流汗！」

張自英先生，他並沒有以目前小小的成就而沾沾自喜，我認為這一點很重要，是他將來成功立業的因子。

由於世人瘋狂地追求著物質的享受，文字與社會的距離，將越來越遠，在我們日常生活中，最使人發生興趣的便是圖畫，如果能夠辦好一份老少咸宜、雅俗共賞的畫報，它的讀者，將像源頭活水般滾滾而來。

由於張自英先生的舉辦了《世界畫刊》，使我體會到在惡劣環境壓迫之下，如果有堅強的意志，和苦幹的精神，還是可以創造事業的！這不是正應驗了「有志者事竟成」的老話嗎？

《世界畫刊》，已經建立了一個不墜的基礎，而且，風格、水準都很高。在臺灣能有這樣一個綜合性的藝術刊物出現，的確值得喝彩！由於張自英先生的苦幹，使它像一棵富有生命力的奇樹，三年來已經開出燦爛的花朵。如果再努力下去，十年、二十年後的《世界畫刊》，未始不可與美國的《生活雜誌》相抗衡，暢銷到全世界去！在這三週年紀念的時候，我為它祝福！

（原載民國五十一年十月二十一日《中央日報》）

拜師前夕給齊白石的信

白石先生尊鑒：本會（中華全國美術會）秘書蔣碧薇女士回來同我說，先生已允許我誠懇的請求，收我為弟子。我非常的高興，也認為非常的榮幸，並且承先生特別體諒我，免得我受人家的批評，在舉行拜師典禮的時候，只要行鞠躬禮，而不要我行跪拜禮，更使我非常感動。行禮的時候，我一定遵命向先生行三鞠躬禮。

我已經發出了一百多分請柬，約請五院院長、教育部長、中央大學、金陵大學等學校校長、中央黨部全體常務委員、中央文化運動委員會全體委員、本會全體理監事，各報社社長，及中央通訊社、《中央日報》社記者參加便餐，以便觀禮。因為我認為這是一件與教育非常重要的非常有關的盛事，所以我邀請這些人到場，到時候我還要報告我所以要拜先生為師，除了對先生崇敬，希望引起全國同胞以及全世界人士對於中國繪畫金石最高超的藝術有更深切的認識而外，是沒有其他任何企圖的。

我現在先上此函預為稟明，這兩天因為身體不好，事情又忙，沒有親自來看先生，非常抱歉！假如先生明晨沒有要事，請於十時左右賜候片刻，使我有個機會在明天晚上拜師典禮之前，先來親自道謝先生收我為弟子之美意。附上邀請來賓函件一分，先生看了，也可以知道我為什麼要把先生拜為老師的一部分理由。其餘的話，明天早上十點鐘再為當面稟告，明天以後，我不再稱先生，而將稱先生為老師了。

你未來的弟子中華全國美術會理事長張道藩

十一月二日

為向齊白石拜師上蔣總裁書

敬呈者：道藩為發揚尊師重道精神，開展本黨文化工作，俾能對文化界、藝術界發生重大影響起見，特拜高風亮節，譽滿中外，八十六高齡之畫家齊白石先生為師。並訂於十一月三日下午六時，在中央文化運動委員會文化會堂舉行拜師典禮。希望此一事件，不特引起全國同胞及全世界人士對中國固有文化與藝術有更深切之認識，而中國尊師重道之精神，亦可藉此獲得恢復之機會，以糾正今日一般青年以為自己向教師買知識，而不知尊師重道之錯誤觀念。惟念道藩為鈞座忠實信徒，亦為鈞座多年幹部，今忽有如此非常之舉動，又無適當機會先期呈明，自當簽呈報告上項緣由，想必能獲得鈞座之嘉許也。此種瑣事，自不敢委屈鈞座及夫人親臨指導，謹附呈邀請觀禮函十份，如經國、

緯國伉儷或侍從之其他同志樂於蒞教，至深歡迎。所有詳情，容另具報。謹呈　總裁蔣

職張道藩謹呈

三十五年十一月二日

詩一首

四十二年一月十日與胡適之先生同席，胡先生述及《荳棚閒話》小說裡有一小調實是一首最好的白話詩。茲將原文錄如左：

老天爺，你年紀大，你耳又聾來眼又瞎。你看不見人，聽不見話。殺人放火的，享盡榮華；吃素看經的，活活餓煞。老天爺，你不會做天，你塌了罷！老天爺，你不會做天，你塌了罷！

此小調充分表出當時深受流寇殘殺擾亂痛苦的民眾，呼天不應而怨天之心情；亦足以反映今日大陸上億萬同胞，遭受朱毛匪幫種種迫害呼救無援的失望心理。茲為使大陸上受苦難的同胞稍得安慰起見，特代「老天爺」擬答如下：

孩子們，我雖然年紀大，耳還沒有聾，眼也沒有瞎，我還看得見人，聽得見話。那殺人放火的，不會永享榮華；那善良的人們，不會完全餓煞。孩子們，瞧著罷，萬惡的共匪一定垮！孩子們，瞧著罷，萬惡的共匪一定垮！

張道藩四十二年一月十二日於臺北

（原載《文藝創作》第二十二期四十二年二月一日出版）

附錄

張道藩先生事略

中國國民黨中央常務委員、前立法院院長張道藩，十二日晚十時因心臟衰弱，逝世於三軍總醫院。張氏先於四月六日中午在家不慎跌交頭部受傷，當晚住進三軍總醫院，接受手術治療，但兩月以來始終陷於昏迷形狀中，至十二日中午病勢轉劇，低血壓降至五十四度，呼吸困難，延至下午十時逝世，張氏彌留時，張夫人郭淑媛及其弟張宣澤，妹張道焜，妹壻吳延環等均在醫院照料。

張道藩，貴州盤縣人，生於民前十四年。幼年時聰敏過人，倜儻有大志。惟以盤縣偏僻，交通不便，新知滯遲，乃毅然負笈天津，肄業南開中學。當時張道藩因家貧無資，常以大餅充饑，冬寒無衣，則閉戶讀書不外出，堅持數年，未嘗意沮，他的師友一致認為張道藩終必有出頭的一天。

民國八年，張道藩得世交曲荔齋先生之助，西渡英法留學，專攻文學藝術，造詣益深，曾畢業於英國倫敦大學美術科。十二年，由劉紀文、邵元冲兩氏介紹入中國國民黨，居海外凡七年，讀書習畫之外，兼從事革命工作，至十五年返國後，仍服膺主義，奔走革命，十六年奉命回黔主持黨務，被軍閥周西成繫獄，幾不得免。

十七年後，復返南京工作，廿餘載，在黨務方面，連任國民黨中央執行委員，並歷任南京市黨部，江蘇省黨部委員，中央組織部秘書，組織部及社會部副部長，宣傳部及海外部部長。行政方面，曾任南京市政府秘書長，浙江省教育廳長，交通、內政、教育三部的次長。教育方面，曾任國立青島大學教務長，中央政治學校教育長。文化方面，曾創立中華全國美術會，國際文化合作協會，國立戲劇專科學校，中華全國文藝作家協會等組織。抗戰期中，張道藩於任宣傳部長及中央文化運動委員會主任委員時，聯絡全國優秀作家及戲劇、電影、民間藝術、音樂、美術各部門專門人才，宣傳抗建國策，使文化運動，深入民間，影響至為宏偉。三十三年，桂柳撤退，曾親赴黔省，搶救文化人，深為文化界所稱戴。

抗戰勝利後，任國民黨中央執行委員會常務委員，中央政治委員會委員，中央文化運動委員會主任委員，中華全國文藝作家協會理事長，中華全國美術會理事長，中央電影企業公司董事長，國民黨中央改造委員會委員，中國廣播公司董事長，臺灣《中華日報》董事長，立法院長等職務。

張道藩以文化人從政，除具政治家之勤慎廉明外，仍不改學者風度。對人和藹可親，富幽默感。平日好學深思，曾著有關學術、文化、政治論文及講稿多種，並譯有《近代歐洲繪畫》一書。公餘對戲劇電影，極為喜愛，提倡不遺餘力。

（原載民國五十七年六月十四日大華晚報）

張道藩的一生及其對文藝的貢獻

秦賢次

一、他的一生

張道藩幼名振宗，譜名道隆，後遵父囑改名道藩，取字衛之。清光緒二十三年六月十三日（公元一八九七年七月十二日）生於貴州省盤縣。道藩幼承庭訓，五歲至十四歲時，在父親創辦的崇山私塾讀書，又先後從伍光表、任雨蒼等名師學習。十載寒窗苦讀，奠定其古典文學基礎。

宣統三年春，道藩年十五，開始接受新式教育，考入盤縣高等小學一年級，迄民國三年冬畢業，共肄業四年。民國四年春，因家貧未能繼續升學，乃到鄰縣普安擔任縣立兩等小學校教員兼初等管理一年。民國五年夏，由當時擔任國會參議院議員的五叔張光煒（蓮仙）資助，才得前往北京設法繼續深造。九月，考入當時極富盛名的天津南開中學。在就讀南開的一年當中，道藩的繪畫才能即深受任課教師賞識，對他後來赴英習美術有很大影響。

民國六年暑假，因張勳復辟，國會隨之解散。道藩五叔也因此失業無力再資助其讀書。同年秋，道藩不得已自南開輟學。隨即在另一族人引薦下，前往綏遠包頭擔任菸酒專賣局包頭分局之徵收員，期間自六年十月起，迄八年七月止，將近有兩年之久。業餘時間，除勉力自修英文外，另向上海一所函授學校通信學習，絲毫未放棄繼續升學的志趣。

民國八年秋，張道藩再入南開中學就讀。不久，吳稚暉先生適巧來南開講演，由學生愛國運動講到留法勤工儉學，啟發道藩前往法國留學的念頭。

八年十一月二十二日，張道藩與盛成、蘇汝淦、黃齊生等四十人搭乘英輪「勒蘇斯」號（Rhesus）由上海啟程前往法國。九年一月九日，船先抵倫敦時，留英學生會派任凱南、吳小篷等人來接，並說服道藩等人留在英國唸書，而不要去法國勤工儉學。此次一行四十人中，貴州籍佔十一人；又肄業南開者佔八人。後來決定留下在英國唸書者有十五人，繼續渡海前往法國者有十九人。

從九年春起，張道藩先在曼徹斯特維多利亞公園學校補習英文半年；繼於九年暑期後考入倫敦西南郊之克乃佛穆天主教學院，求學一年。惟此時，張道藩已顯露出對於美術的深深愛好。因此，在十年九月，張道藩放棄了原先實業救國的念頭，毅然考入倫敦大學大學院美術部思乃得學院專攻美術，並選定繪畫為正科，裝飾畫為副科，歷時三年，終成為該校美術部第一個獲得畢業文憑的中國學生。

留英期間，張道藩認識了陳源、傅斯年、邵元沖、劉紀文等人。由於邵、劉兩人的引介，張道藩在十二年冬加入中國國民黨；翌年春並當選為倫敦支部評議長，開始努力發展黨務。對於道藩非常器重的劉紀文（一九八〇——一九五七年），是引領道藩由美術領域走向政治之路的關鍵人物。

張道藩自思乃得學院畢業後不久，隨即於十三年九月離開灰暗多霧的倫敦，來到風光明媚的巴黎，更求藝術的深造。抵法後，張道藩即進入法國國立巴黎最高美術專門學校繼續學畫。此時，他一面學畫，一面參加中國國民黨駐法總支部的黨務活動。同時，因為認識徐悲鴻的關係，他也加入一個別開生面的文藝團體「天狗會」。

「天狗會」係十年八月成立於巴黎，名稱仿自兩年前在上海成立的美術團體「天馬會」。該會主要會員有謝壽康、徐悲鴻、邵洵美、郭有守、孫佩蒼、蔣碧微等，此外如畫家江小鶼、常玉，以及劉紀文等也都是會員。

是年聖誕節，張道藩在一次舞會中認識了法國小姐Suzanne Grimonprez。十五年四月，他們即在巴黎訂婚，道藩為她取個中文名字叫郭淑媛。在法國不到兩年的留學期間，張道藩也認識了羅家倫、周炳琳、段錫朋、童冠賢、何思源等，他們大抵在美歐學成歸國前，特來巴黎遊歷的。此外，也有原在巴黎求學或學畫的張厲生、許德珩、勞君展、魏璞完、潘玉良等友人。

此外，在十五年五月，張道藩有三幅人像油畫入選在法國各種美展中最受人矚目的法國國家沙龍春季美展，這也是他一生學畫當中所獲得的最高榮譽。三幅畫中，兩幅是倫敦時期作品；另一幅係為郭淑媛所畫的半身像。

十五年五月十七日，張道藩與邵洵美一同離別巴黎，再由馬賽搭船回到闊別將近七年的祖國。

十五年六月下旬，張道藩在北伐前夕抵達上海。抵滬後，即應上海美專校長劉海粟之邀，作有關「人體美」的長篇專題講演，講辭並由上海幾家大報連載多天，以是觸怒上海道尹危道豐。適劉紀文應北伐軍蔣總司令電邀回國，擔任廣東省政府農工廳廳長，劉又懇請道藩前往幫忙。張道藩乃由上海前往廣州，於八月一日起開始擔任學成歸國後的第一個職位——廣東農工廳祕書，這也是他參加革命行列從政的開始，這年他剛好是三十歲。十月間，劉紀文奉調前線，由道藩代理廳務。同月二十日，新廳長陳孚木上任，張道藩在辦理移交後離職。

十五年冬，張道藩奉派為國民黨貴州省黨務指導員，於十二月初由廣州前往貴陽籌組貴州省黨部。不意，貴州軍閥周西成表面同情北伐軍，實則對革命青年既懷疑，又害怕。十六年五月初，周西成強迫張道藩交出秘密通訊用的電碼不果後，即將其逮捕嚴刑逼供。張道藩終不為所屈，嗣於九月中設法逃出貴陽，經廣州、香港，於十一月中旬回到上海。

十七年春，張道藩由上海來到南京。三月初，經陳果夫、劉紀文兩人推薦，擔任國民黨中央組織部秘書，時組織部部長由蔣中正兼任，這是道藩在中央服務的開始。

同年九月二日，張道藩與郭淑媛在上海結婚。十月，兼任南京市黨部監察委員。十二月，又繼姚鵷雛擔任南京市政府秘書長，時南京市長即為上任未及半年的道藩好友劉紀文。

十八年三月，張道藩出席國民黨第三次全國代表大會，當選為候補中央執行委員。

四月中旬，辭去中央組織部秘書職。十一月初，再辭去南京市政府秘書長職。十二月，奉派為江蘇省黨務整理委員，襄助主席鈕永建重整全省各縣市黨部，工作極為繁重。翌年六月因病攜眷赴青島休養。八月，受聘擔任剛成立之國立青島大學教務長，夫人郭淑媛亦應聘任法文講師。時楊振聲擔任青島大學校長，聞一多擔任文學院院長兼中文系系主任，梁實秋擔任外文系主任兼圖書館館長，方令孺女士則方由美國學成回來，擔任中文系講師。

十九年十二月中，張道藩奉蔣主席兼行政院院長之命，出任浙江省政府委員兼教育廳廳長，前後任職有一年之久。

二十年六月，陳立夫繼蔣中正擔任中央組織部部長，張道藩與余井塘兩人奉派兼任副部長。自此起，張道藩得每星期往來於杭州、南京之間，以三天時間在教育廳辦公，另外三天則在組織部服務。二十年十二月中，辭去浙江教育廳長職，此後即專心在南京辦理黨務工作，迄二十四年十二月組織部改組為止。

二十一年起，張道藩在繁重的黨務工作外，又開始踏入文教界，積極參與各種活動，終於在戲劇、電影、美術三方面有卓著貢獻。

二十一年五月四日，以國民黨黨員作家為基礎而成立的「中國文藝社」在南京華僑俱樂部進行改組，公推中央執行委員會秘書長、前中央宣傳部部長葉楚傖為理事長兼社長；選出張道藩、王平陵、徐仲年、朱應鵬、范爭波、黃震遐、華林等為理事，這是張道藩踏入文藝界的第一步。「中國文藝社」原成立於十九年七月，以創刊《文藝月刊》，聯誼作家，舉辦各種文藝活動，出版叢書為主要任務。張道藩的主要戲劇作品如《第一次的雲霧》（譯作，修正稿）、《自誤》（五幕劇）、《密電碼》（劇本及電影劇本）、《狄四娘》（改寫）、《最後關頭》（四幕劇）等均先在《文藝月刊》上發表，後來再發行單行本的。

接著，在二十一年七月八日，國民政府為響應國際聯盟「國際文化合作委員會」呼籲提倡國際教育電影的合作、交換、宣傳，特在南京教育部發起成立「中國教育電影協會」，大會選出陳立夫、段錫朋、郭有守、羅家倫、徐悲鴻、方治、田漢、洪深、歐陽予倩及張道藩等為執行委員。翌年四月，張道藩又兼任國民黨中央電影事業指導委員會委員，這是張道藩與教育電影界淵源的開始。

二十二年十一月十二日，「中國美術會」在南京正式成立，這是三〇年代規模最大的全國性美術團體，由于右任、王祺、張道藩、高希舜、李毅士、章毅然、湯文聰、陳之佛、梁鼎銘等九人當選為第一屆理事，組成理事會；又選張道藩為總幹事，實際負責主持會務，這也是他負責推展全國美術運動的開始。二十五年一月，該會曾創刊《中國美術會季刊》，迄二十六年一月，共發行四期。

二十一年十二月，張道藩又開始出任公職。先是繼俞飛鵬擔任交通部常務次長，迄二十五年四月辭職為止，時部長先後為朱家驊及顧孟餘。

其間，張道藩曾於二十四年六月與十二位中央委員建議在南京創辦國立戲劇學校，並在十月該校成立時擔任校務委員會主任委員。又於二十四年十二月七日，與褚民誼一同出任新成立之國民黨中央文化事業計劃委員會副主委，時主委為陳果夫。

二十五年二月，張道藩又繼許修直擔任內政部常務次長，迄二十七年一月調任教育部常務次長為止。其間，又同時擔任內政部中央古物管理委員會主任委員。

二十六年四月一日，第二屆全國美展在南京新建的中央美術陳列館揭幕，展期共二十三日，此次美展的籌備委員會主任委員即為張道藩。展覽期間，全國各地美術家三百六十八位齊集首都，於四月十九日共同發起成立「中華全國美術會」，會員包括書畫家、雕刻家、建築家、美術教育家、美術史學者、美術批評家等。在成立會上，張道藩被推為理事長。可惜，不久即因抗日戰爭爆發，因會員分散各地，會務一度停頓。

抗戰軍興，政治、文化中心先移武漢，再遷重慶。張道藩在抗戰開始之後，逐漸將心力投入文藝界，並在此後三十年成為中國國民黨在文藝政策及執行方面的最高負責人。

二十六年十二月底，「中華全國戲劇界抗敵協會」在漢口成立，形成全國戲劇界人士的大團結，張道藩、方治、王平陵、田漢、陽翰笙、洪深、熊佛西、余上沅、歐陽予倩、趙太侔、李健吾等被推為理事，並議定每年十月十日為「戲劇節」。

二十七年一月二十九日，「中華全國電影界抗敵協會」在漢口成立，張道藩除在大會講話外，並被選為理事。

同年三月二十七日，「中華全國文藝界抗敵協會」在漢口成立，張道藩是重要的發起人，是日除擔任主席團外，並被選為理事。

同年六月六日，「中華全國美術界抗敵協會」在武昌成立，以汪日章為主任理事，張道藩是該會成立的主要策劃人及名譽理事。

張道藩除了代表中國國民黨參加上述四個文藝協會並擔任理事外，並在民國二十七年一月十四起，由內政部常次調任教育部常次，迄二十八年八月十八日止。在教育部內，除任常次外，張道藩還分別於二十七年八月起擔任教科用書編輯委員會主委，迄二十八年五月止；二十八年四月起擔任音樂教育委員會主委，迄二十九年五月止；

二十九年四月起連任三屆學術審議委員會常務委員，迄卅八年夏止；二十九年十二月起擔任美術教育委員會主委，迄三十一年二月止。張道藩是勇於任事的人，在他擔任教育部內各種職位時，對於教科書的編輯，抗戰劇本的徵印，巡迴戲劇教育隊的成立，音樂師資的訓練，實驗巡迴歌詠團的成立，美術作品的獎勵等均有卓著貢獻。

二十七年四月，張道藩奉派兼任中央黨部新成立之社會部第一任副部長，迄二十八年十一月止，時部長為陳立夫。

二十八年九月，張道藩接周炳琳繼任重慶中央政治學校教務主任；二十九年八月，又繼陳果夫擔任教育長迄三十二年二月止。

在張道藩任職中央政校的三年又五個月期間，張道藩又先後接掌幾個文藝機構團體，使得他實質上成為國民黨在文藝方面的最高負責人。

（一）二十九年四月二十四日，「文藝獎助金管理委員會」在重慶成立。該會原由中央社會部、宣傳部、教育部、政治部、振濟委員會、青年團中央團部等機關及文化界有關人士合組而成，推定中央社會部長谷正綱等為常務委員；並聘請張道藩、郭沫若、老舍、程滄波、王芸生、林風眠、王平陵、華林、胡風、姚蓬子、李抱忱等十一人為文藝界委員，由中央撥十萬元基金，辦理全國文藝界貸助金事宜。該會成立後，事實上由張道藩負總責；三十二年秋起，經有關機關決定移歸「中央文化運動委員會」接辦，並改派張道藩為主任委員，洪蘭友為副主任委員。

（二）二十九年五月十九日，「中華全國美術會」在重慶重新改組成立，以「聯絡全國美術家感情，集合全國美術界力量，研究美術教育，推動美術運動。」為立會宗旨。該會理事長為張道藩，理事有徐悲鴻、陳之佛、傅抱石、汪日章、呂斯百、黃君璧、謝稚柳、張書旂、吳作人、潘天壽等。該會並通過提案如決定九月九日為美術節；請教育部舉辦第三屆全國美展；請教育部撥款獎勵抗戰時期美術品等。

（三）三十年二月七日，「中央文化運動委員會」（簡稱「文運會」）在重慶正式成立，隸屬中央宣傳部，並聘張道藩為主任委員，潘公展、洪蘭友為副主任委員。嗣潘公展於三十二年十月辭職，由胡一貫補其職。「文運會」初成立時，名義上雖隸屬於中央宣傳部，實際上係獨立作業，相當於中央的一個文化部會。三十二年九月，國民黨五屆十一中全會即將「文運會」編製擴大，提升直屬中央執行委員會，仍由張道藩負責，以迄三十八年夏「文運會」撤銷止。

張道藩經由上述三個機構團體，並代表國民黨中央，長期與全國文藝界人士接觸，舉辦各種活動，創辦刊物，贊助獎勵作家生活及作品出版等，是他一生當中對文藝界貢獻最大的一個時期。

三十一年二月，蔣委員長訪問印度，張道藩與王寵惠、董顯光、周至柔、商震、俞國華等均為訪問團成員之一。

同年十一月，張道藩調長中央宣傳部長（仍兼政校教育長，迄卅二年二月止。）以董顯光、程滄波為副部長，迄三十二年十月為止。時當戰時，中宣部責任艱鉅，張道藩處事縝密，深思熟慮，一年之中，總算沒有出過紕漏。

三十二年十月，張道藩調任中央海外部部長，迄三十三年十一月為止。期間，他曾親赴雲南、貴州、廣西一帶，宣撫由南洋一帶撤退回到祖國的僑胞。

三十三年十一月底，日軍陷桂林，佔柳州，並向貴陽方向進犯，震動大後方。而原來留在湘、桂的大批文化界人士則在倉皇中成為難民經由貴陽逃向重慶。十二月初，張道藩奉命趕赴貴陽前線，負責指揮臨時成立的中央戰時服務督導團，並配合社會部辦理從湘、桂撤退出來的文化人救濟工作，迄三十四年二月初旬才以任務達成，回到重慶。此次搶救文化人，即深為文化界所稱述。

三十四年春，張道藩應陳布雷之邀，曾短期兼任軍事委員會侍從室第二處副主任，迄九月底侍從室結束為止。事實上，在抗戰勝利後的四年間，張道藩的主要工作仍在主持「文運會」，並在三十五年四月隨政府還都以後，陸續在各主要省市成立分會以策劃開展全國文化工作。

三十五年六月，中央電影企業公司成立，張道藩膺選為董事長；同年十一月，在南京拜名畫家齊白石為師。三十六年一月，「國際文化合作協會」在南京成立，目的在配合外交與僑務合作，加強海外文化工作，張道藩當選為理事長。三十七年一月，當選為貴州第二區立法委員；三月，「文運會」與國防部新聞局合作，在中央訓練團設置民間藝術訓練班，分為文學、戲劇、樂舞、雜技四組，訓練期間半年，畢業後即派任軍中文宣工作。張道藩親任該班指導委員會主委，安排所有課程及師資；十一月，徐蚌會戰，張道藩由南京率領前線將士慰勞團，親赴碾莊等前線慰問作戰將士。

三十八年一月以後，大陸局勢逆轉。張道藩於四月下旬從上海飛往廣州。後來在某次中央常會中，提議裁撤「文運會」，將原有業務歸併到中央宣傳部，結束了成立八年半之多的「文運會」。

三十八年十二月底，中國廣播公司在臺北改選，張道藩當選為董事長，董顯光為總經理，曾虛白為副總經理，迄四十三年五月卸任，中廣已奠定了堅實基礎，譽之者稱中廣為「有口皆碑」、「無遠不屆」。

來臺後，張道藩仍然念念不忘文藝。首先，在三十九年三月一日於臺北市創設「中華文藝獎金委員會」（簡稱「文獎會」），由張道藩、程天放、陳雪屏、狄膺、羅家倫、張其昀、胡建中、陳紀瀅、李曼瑰等九人組成，並推張道藩為主任委員。「文獎會」成立宗旨為「獎助富有時代性的文藝創作，以激勵民心士氣，發揮反共抗俄的精神力量。」「文獎會」因經費關係於四十六年七月結束，在七年又四個月中，獲獎及從優獲得稿費的作家約在千人以上，對於臺灣五〇年代文藝思潮的形成，產生了鉅大的影響。

接著，在三十九年五月四日於臺北市成立「中國文藝協會」（簡稱「文協」）。該會實係由張道藩、陳紀瀅、王平陵等人發起，成立宗旨為「團結全國文藝界人士，研究文藝理論，從事文藝創作，展開文藝運動，發展文藝事業，實踐三民主義文化建設，完成反共抗俄復國建國任務，促進世界和平。」「文協」成立時共有會員一百五十三人，會中不置理事長，僅選張、陳、王三人擔任常務理事；謝冰瑩、許君武、耿修業、馮放民、傅紅蓼、孫陵、梁中銘、徐蔚忱、趙友培、王藍、王紹清、顧正秋等十二人擔任理事。每年互推值年常務理事一人，負責該年推行會務之全責，另設總幹事一人負責執行決議及一般會務工作。「文協」曾先後設置了小說、詩歌、散文、音樂、美術、話劇、電影、戲曲、攝影、舞蹈、文藝論評、民俗文藝、新聞文藝、廣播電視文藝、國外文藝工作、文藝翻譯、大陸文藝工作、文藝研究發展等十八個委員會。此外，「文協」還先後設有南部、中部等分會。「文協」係政府遷臺後最早成立、規模最大、活動最多的全國性文藝社團。早期經常舉辦各種文藝研習班，培養新進作家；倡導軍中文藝運動；發起文化清潔運動；舉辦聯誼活動，團結文藝人才。因此，可以肯定地說，「文協」的創立，對於臺灣復興初期的文藝工作者，有極大的鼓舞作用。

同年八月五日，國民黨成立「中央改造委員會」，張道藩與曾虛白同是十六個委員之一；十月，接任黨營《中華日報》第二屆董事長。在任職的一年當中，張道藩求社論與副刊並重，並指示編輯部增設《中學生週刊》，專供各中學愛好寫作的青年投稿，也定期舉行投稿人座談會，討論讀書與寫作問題。

四十一年三月，張道藩繼劉健群擔任立法院院長，迄五十年二月獲准辭職止，歷時九年，這也是他一生當中政治生涯的最高峰。在院長任內，他盡心盡力，任勞任怨，充分發揮議長的功能，也表現了他鉅細靡遺的行政幹才。此外，他大公無私的清操雅範，和廉潔刻苦的一貫作風，更贏得全院同仁一致的讚揚。

除了擔任立法院長外，自四十一年十月，經四十六年十月，迄五十二年十一月，張道藩曾連任國民黨七、八、九三屆中央常務委員，直至五十七年六月病逝為止。很值得在此一提的是，張道藩自從十八年三月起連任國民黨三、四兩屆候補中央執行委員；廿四年十一月起連任五至九屆中央常務委員，以及一屆改造委員。在去世的前四十年間，從來不曾離開過國民黨最高權力機構，可說是民國以來第一人。

在擔任立法院長期間，張道藩曾於四十五年四月率領「中華民國赴日親善訪問團」，與日本朝野廣泛交換意見。他深感日本國民對共產主義認識模糊，日本三大報紙態度親共，日本政府決策也搖擺不定，指出我國應提高警覺。

同年七月，「文獎會」因經費不足，經張道藩呈請中央准予結束，並借原址創辦中興文藝圖書館，自兼館長，每晚七到九時開放，館藏有復員還都以後迄三十八年間所搜集的各類文藝書籍約在萬冊以上，這也是當時臺灣收藏二、三十年代文藝作品最多的圖書館之一。

四十六年六月，「中華民國筆會」經我駐聯合國教科文組織代表陳源之建議與聯繫，終獲世界筆會總會同意在臺北恢復組織，並推張道藩為第一任會長，這是我國重回國際文學舞臺的開始。

五十年春，張道藩獲准辭去立法院長後，他替自己安排的生活計劃是，重執荒疏的畫筆，補寫積欠的文章，以中常委身份為黨盡言，以立法委員身份為民服務，以有生之年為文藝效命。可惜，事與願違，在往後的三年中多半在病中消磨，計劃大部份無法做到。

五十四年九月，「中山學術文化基金董事會」在臺北成立，推王雲五任董事長，張道藩及徐柏園任副董事長，聘請阮毅成任總幹事，張道藩並親自兼任文藝創作獎助審議委員會召集人。該會於翌年起，每年定期於十一月頒發一次中山文藝創作獎，以迄今日。

五十五年三月，國民黨九屆三中全會通過「強化戰鬥文藝領導方案」，以適應當時革命任務的要求，增進對於文藝的輔導與服務，更進一步的開展戰鬥文藝運動，使其充份發揮擔當思想作戰前鋒的功能。張道藩是該案審查組的召集人。會後，國民黨旋即成立「中央文藝工作指導小組」，由張道藩擔任第一召集人，負責協調、運用、督導、考核等工作。

五十六年七月二十八日，「中華文化復興運動推行委員會」在臺北成立，由蔣中正總統擔任會長，張道藩亦受聘為委員之一，他深感復興中華文化首在建立自信心，發揮創造力。

同年八月六日，臺北遠東圖書公司為梁實秋翻譯的《莎士比亞全集》舉辦出版紀念會，張道藩義不容辭，擔任主持人，向好友致敬。

同年十一月，國民黨九屆五中全會通過「當前文藝政策」，對臺灣文藝基本目標、創作路線、文藝機構、文藝經費、文藝人才、文藝工作等均提出了具體推行原則。這是我國文藝史一件劃時代的大事。這一政策的進步性，是把重點放在對文藝的積極建設、倡導、扶持、培養、獎助和服務上。「當前文藝政策」係透過張道藩精心策劃，再經大會修正通過的。為了結合政府和社會的力量來共同推動這文藝政策，由張道藩領銜在十二月發表了「我們為什麼要提倡文藝」一文來響應，連署者共有當時著名文藝人士計四十人。該文除引言和結論外，還包括：文藝與新聞、文藝與出版、文藝與教育、文藝與科學、文藝與哲學、文藝與宗教、文藝與軍事、文藝與外交、文藝與經濟等十章。文章說明其所以要談文藝與各方面的關係，乃是鑒於「過去各部門與文藝的關係失調，使文藝事業未能作正常發展；而對文藝家的生活也漠不關心，於是一部份文藝之美變質而與『偽』『惡』合污，發生了不良的影響。」

為了落實「當前文藝政策」，政府當局再於五十七年五月二十七至二十九日在臺北市中山堂召開「全國第一次文藝會談」，與會的文藝界人士計有二百七十七人。此次會議召開時，張道藩已在重病中，未能參加。

先是，五十七年四月六日，張道藩在病榻上側身取物，不幸滑落地上，跌傷腦部，旋即昏迷不醒，迄六月十二日病逝三軍總醫院，享壽七十二歲。

張道藩在生前曾對友人說，假如有一天走完人生最後的旅程，盡了我最後的責任，但願文藝界的朋友替我刻上這樣一塊碑：「中華民國文藝鬥士張道藩之墓」，則他就心滿意足了。

在張道藩去世不久，臺北傳記文學出版社在同年十月一日將他未曾寫完的自傳「酸甜苦辣的回味」印成單行本，以作紀念。

二、他對文藝的貢獻

張道藩的文藝生涯中，最擅長的是美術，最喜愛的是戲劇，而影響國人最大的是他的文藝政策觀。以下係申述他在這三方面的貢獻。

（一）美術

張道藩自幼即對美術有深厚的興趣，他早年在倫敦及巴黎長達六、七年的求學中，學的就是西洋美術。回國多年之後，又拜國畫大師齊白石為師。他自己在《文壇先進張道藩》一書中說道「我當年留歐學畫的志願，是要採取西方繪畫方法的長處，改進我國繪畫舊有的方法，創造一種中西合璧的新中國畫。」他生平所作的畫不多，去世週年，即五十八年六月，曾由遺作整理委員會出版一冊《張道藩先生畫選》，共選入三十五幅，其中素描九幅、國畫八幅、水墨二幅、水彩九幅、油畫七幅。創作年代從十二歲到六十二歲止，題材包括人像、山水、花卉、動物等。同月，蔣碧微女士亦自費出版一冊《張道藩書畫集》，以完成張道藩生前囑託的三個心願之一。其中，收入素描一幅，國畫七幅，書藝四幀，創作年代從四十八歲到六十一歲止，題材僅有人像及花卉兩種。除了畫作外，張道藩問世的第一本書係譯自英人康斯特博（W. G. Constable）的《近代歐洲繪畫》（Modern European Painting），十七年八月由上海商務印書館初版，二十四年五月再版。

二十三年三月，張道藩約同中委王祺，以及中央大學藝術及哲學系教授徐悲鴻、張書旂、傅抱石、陳之佛、宗白華等在南京發起成立「中國美術會」，由張道藩任總幹事，每年均舉行美術展覽一次，除了有少數彫刻和圖案畫參加外，大多是西畫和國畫，這是道藩與國內美術界淵源的開始。

二十六年四月十九日，張道藩利用第二屆全國美展在南京新建的中央美術陳列館舉行之際，聯合全國三百六十八位畫家發起成立全國性的美術團體「中華全國美術會」。而這個美術館也是張道藩在負責籌建南京國民大會堂當中，同時策劃興建的。於此可見張道藩對於美術方面的高瞻遠矚及鉅大深遠的貢獻，「中華全國美術會」成立以後，張道藩眾望所歸地被推選為理事長。

同年六月，教育部採納「中華全國美術會」的建議，公佈全國美展辦法，規定每兩年舉辦一次，並列獎勵金作為收購美術精品之用。

此後，張道藩又參與籌組「全國美術界抗敵協會」。該會係抗戰初期在武漢發起，成員不分左右派別，大家同心協力組成的美術團體，成立時間為二十七年六月六日，這也是抗戰前期惟一的全國性美術團體；可惜該會遷移重慶後，因會員流動性大，兼又分散各地，無法正常維持工作。張道藩有鑒於此項缺失，乃於二十九年四月十四日就原「中國美術會」及「中華全國美術會」會員在重慶生生花園舉行臨時會員大會；繼於五月十九日重新組成「中華全國美術會」，張道藩以眾望所歸仍被推為理事長，再度積極推動美術運動。

「中華全國美術會」在戰時及復員戡亂時期的主要貢獻，據《第二次中國教育年鑑》上《學術文化》編上的記載，有下列各項：

（1）發動美術家作鼓勵士氣及人民同仇敵愾之宣傳畫。

（2）舉辦抗戰宣傳畫展數次，其中作品百餘幅曾由威爾基（W. L. Willkie，一八九二——一九四四年）氏於三十一年攜赴美國展覽。

（3）三十四年在重慶舉辦勞軍美展，並以售得畫款捐獻前方將士。

（4）每年經常舉辦春、秋兩次美展。

（5）受教育部學術審議委員會委託，辦理有關美術著作獎勵事宜。

（6）發動各地美術家在主要省市成立分會，已成立者有上海、北平、武漢、山東、重慶等。

（7）協助徵集美術作品送交國外展覽。

張道藩除了擔任「中華全國美術會」理事長外，自二十九年四月起，迄三十八年秋止，連任三屆教育部學術審議委員會常務委員，又自二十九年十二月起，迄三十一年二月止，擔任教育部第一任美術教育委員會主任委員。

擔任學術審議常委時，張道藩就在二十九年五月一日的第一次大會上就「補助學術研究及獎勵著作發明」一案，提議規定在原有的「學術著作」外要加上文學創作及美術論著及作品。而「美術」則又包括繪畫、雕塑、音樂、工藝美術四項。此項獎勵，自三十年度起每年舉辦一次，受獎勵之著作、發明或作品應以最近三年內完成者為限。教育部的獎勵，對於抗戰時期的美術發展是當時最大的推動力。

擔任美術教育委員會主委前，張道藩即向教育部長陳立夫建議，由教育部成立「藝術文物考察團」，前往西北考察我國古代存留之藝術文物及著名史蹟，以輔導社會藝術教育之推進。該團於二十九年秋成立，為工作便利計，分為建築、雕刻、繪畫、工藝及民俗等部門。至於資料之搜集，則以圖畫、摹繪、石膏模鑄為主體，而以攝影、拓搨、文字記述為輔助。全體團員先後在西安、洛陽、西寧、塔爾、敦煌各地工作，歷時三年餘，行程逾萬里，收穫極為豐富。如已故國畫大師張大千就是參加研究敦煌畫藝的最著名人士。該團能在經費極度不足的抗戰中後期工作數年不輟，即係張道藩在其後擔任美術教育主委期間予以大力支援的緣故。

國民政府自成立以來，在大陸時期僅辦過三次全國美展。而第二、第三兩次均與張道藩有極大關係。第三次全國美展係三十一年十二月二十五日至三十二年一月十日在陪都重慶舉行，其籌備會及展品陳列設計之負責人均係張道藩。教育部以此次展覽會係集全國美術之精萃，為表示政府對於此項事業之重視起見，特恭請國府主席林森為名譽會長，請教育部長陳立夫為會長。此次展覽作品分為現代及古物兩大類，現代作品係向各方徵集，其內容分為書畫（書法、篆刻、國畫、西畫、版畫等），雕塑，建築設計及模型，工藝美術、圖案設計及攝影等四組。古物係由籌備會洽請各有關機關提供，內容主要為銅器、玉器、漆器、書畫等類。此外，還特闢「敦煌藝術專室」，陳列「藝術文物考察團」兩年來在西北敦煌等處搜集摹繪所得的精品；現代作品的題材，以取與抗戰有關者為原則，其他題材之藝術作品亦酌予接受，每人以三件為限，但與抗戰有關者可加倍。總計展出現代作品六六三件，古物二七五件。展覽期間十七天，參觀人數達十萬餘人，收入所得全數充作文化勞軍之用。

（二）戲劇

做為一個文學家，張道藩係以戲劇享盛名的。他第一次發表的文學作品係譯自法國劇作家約瑟・葉爾曼（Jose Germain）的獨幕劇《第一次的雲霧》，十八年十二月初次登載於好友邵洵美主持的上海《金屋月刊》」一卷七期上。後來，曾再重譯，再次登於二十三年三月的南京《文藝月刊》五卷三期上。

張道藩的處女作是四幕喜劇《自救》，二十三年五月發表於上海《時事月報》十卷五期上。《自救》與《第一次的雲霧》後來曾於二十三年九月下旬在南京陶陶大戲院公演過，再於二十四年七月合成一書，由上海正中書局列為《中國文藝社叢書》之一初版，書名取為《自救》。這也是張道藩第一本問世的著作。

二十三年十二月，第二部作品五幕悲劇《自誤》，發表於南京《文藝月刊》六卷五、六期合刊上。

二十五年一月，寫成劇本《密電碼》。同年四月，該劇先發表於南京《文藝月刊》八卷四期上；繼於二十六年一月，由中央電影攝製場拍成電影，三月中開始在京滬各地放映，轟動一時，迄二十七年冬仍續在國內外各地放映中。《密電碼》一劇係張道藩根據十六年在貴州辦理黨務不慎被軍閥周西成逮捕的親身經驗寫成的。

二十五年六月，劇作《狄四娘》發表於《文藝月刊》八卷六期上。該劇是據曾孟樸所譯由法國詩人兼劇作家雨果之劇本《項日樂》（Angeloo）改寫而成，以劇情曲折驚險，很合國人口味，成為張道藩劇作中前後演出時間最長者，自是年五月由南京國立戲劇學校作第一次公演後，迄五、六〇年代還在香港、臺灣公演並造成轟動。是劇先於三十二年一月，由重慶正中書局列為《國立戲劇學校叢書》之一初版，繼於三十五年十一月在上海印行增訂初版。

二十六年五月，電影劇本《密電碼》及四幕劇《最後關頭》，一起發表於《文藝月刊》十卷四、五期合刊上。《最後關頭》劇情暗寓中日戰爭不可避免，係一種預言作品，由二十四年冬構思動筆，到二十五年秋寫成完稿。該劇旋於發表後二個月，由南京國華印書館初次印行單行本；再於二十七年十一月由重慶藝文研究會重新排印，列為《抗戰戲劇叢書之五》，書後附有獨幕劇《殺敵報國》。《最後關頭》一劇，在抗日戰爭爆發後，先後在長沙，以及京、漢、蘇、皖、贛、湘、鄂各地公演不斷，是張道藩劇作中傳播最廣與公演次數最多者。

二十六年十一月下旬起，獨幕劇《殺敵報國》，連載於南京《新民報》副刊。次月，該劇由長沙國立戲劇學校列為《戰時戲劇小叢書》第四種，初次印行單行本。

三十四年十二月，張道藩為利於演出將《第一次的雲霧》劇情改寫成中國故事，取名《蜜月旅行》，由上海正中書局初版。

三十七年三月，第二部電影劇本《再相逢》，發表於武昌《文藝》月刊六卷三期。同年，該劇由中央電影企業公司拍成電影上映，劇本係以抗戰末期貴陽前線難民流離失所的情形為背景，演出愛情糾紛的故事。

同年八月，譯作三幕劇《忘記了的因素》（美國作家Allan Thornhill原著，書名原文為The Forgotten Factor），由上海獨立出版社初版。

來臺多年後，張道藩將以前所出版或發表過的戲劇著譯《自救》、《狄四娘》、《殺敵報國》、《最後關頭》、《蜜月旅行》、《忘記了的因素》、《自誤》等分成七冊，編成《張道藩戲劇集》，於四十六年十月由臺北正中書局印行臺灣版。

張道藩逝後兩週年，即五十九年六月，蔣碧微又將前述正中版《張道藩戲劇集》編成一冊，由其私人自費印行，以完成張道藩所囑託的第二個心願。

此外，道藩文藝圖書館也曾於去世十週年，即六十七年六月將張道藩去世當年所寫的一部四幕劇《留學生之戀》手稿影印多冊，分寄各圖書館典藏，這是張道藩的最後一部劇作，講的是他留學歐洲時的愛情故事。

綜上所述，張道藩一生中總共創作六部話劇，兩部電影劇；翻譯兩部戲劇，改寫兩部戲劇。其中《密電碼》係一為話劇劇本，一為電影劇本，按兩部計算。

張道藩可說是個多才多藝的人。對於戲劇、電影，他不但能編能譯，也能導能演。二十三、四年《自救》、《自誤》在南京的公演，都曾由他自己擔任導演的；二十五年冬，國立戲劇學校師生為了籌募慰勞在綏遠的抗日國軍，在南京公演《紅燈籠》一劇，他也第一次粉墨登場，飾演一位五十來歲的鄉巴佬。二十六年春，電影《密電碼》由中電拍成，他不但是編劇者與導演之一，同時還與當時的中央宣傳部副部長方治同在劇中現身說法，以示倡導。張道藩演的是武漢慶祝北伐勝利大會的主席；方治演的是奉派赴黔四位人員的監誓人。

然而，我以為張道藩對於戲劇的最大貢獻在於對戲劇運動的提倡，以及創辦國立戲劇學校，培養出無數的傑出人材，帶動我國劇運的蓬勃發展。

首先，二十三年夏，張道藩在南京發起組織「公餘聯歡社」，他自任理事長，張劍鳴任總幹事。「公餘聯歡社」的戲劇組中有話劇股，在張道藩、謝壽康等領導下，時常有話劇的演出。

張道藩深切體認到戲劇對於文化建設及社會教育有重大關係，而當時全國僅北平有程硯秋所辦的北平戲曲專科學校，以訓練平劇人才為宗旨；濟南有王泊生主持的山東省立劇院，以創造中國新歌劇為號召；但是全國卻沒有一所專門訓練話劇人才的學校。

二十四年六月中旬，張道藩乃約請陳立夫、覃振、焦易堂、馬超俊、段錫朋、洪陸東、王祺、李宗黃、傅汝霖、梁寒操、羅家倫等十二位中央委員聯名上呈中央創設國立戲劇學校（簡稱「劇校」）。經中央會商教育部後於七月中批准，並指派張道藩、方治、雷震、張烔、余上沅組織籌備委員會，以張道藩為籌備主任。十月十八日，劇校在南京正式成立，以張道藩為校務委員會主任委員，以余上沅為校務委員兼校長。二十九年夏，劇校升格為專科學校，取消校務委員會而由校長主持校務。劇校自二十四年十月成立，迄三十八年四月南京淪陷學校被中共接管，存在時間長達十三年又七個月，在該校肄業和畢業的學生將近一千一百人。劇校成立不到一年，即使南京取代上海，成為全國話劇活動中心；接著在抗戰八年造成話劇一枝獨秀，凌駕在所有其他文藝活動之上，也造成民國以來話劇活動最為蓬勃發展的黃金時代。

抗戰初期，張道藩於二十七年一月至二十八年八月擔任教育部常務次長。其間，他還以常次身份兼部內「教科用書編輯委員會」及「音樂教育委員會」之主任委員。

在教部常次任內，張道藩最關心重視的仍是戲劇教育及活動。除指定社會司主辦全國戲劇教育外；並在二十七年度內，先後成立教育部第一、二、三巡迴戲劇教育隊，到全國各地一面巡迴施教作示範演出，一面輔導地方戲劇教育實施組訓工作。

二十七年底，張道藩又在他主持的「教科用書編輯委員會」內增設「劇本整理組」，聘趙太侔擔任主任，負責新舊劇本整理與編輯工作，並特別注意各種劇本之蒐集。

戰時，戲劇演出既頻繁，劇本的供應就有迫切需要。在張道藩的主張下，教育部在二十七年曾徵求一次抗戰劇本，經選出沈蔚德的《民族女傑》、江流的《自由的兄弟》、陳啟素的《生死線》、邱楠的《聖戰曲》、蕭斧的《老教師》、左明的《上海之夜》、趙如琳的《衝出重圍》等十五種，列為《教育部徵選抗戰創作劇選叢書》，自三十年八月起，由重慶正中書局先後出版。

此外，在張道藩主持下的「文藝獎助金管理委員會」曾於三十一、二年間獎助出版《抗戰文藝叢書》五種，其中劇本的比例佔了二種，即吳祖光的《正氣歌》及洪深的《黃白丹青》。

由上述的事實，可顯示出戲劇是張道藩的最愛且最關心重視的。

（三）文藝政策觀

我以為張道藩對文藝界影響最大的是他的文藝政策觀。由於他一生在高層黨政界的一帆風順，由於他是國民黨高官中對文藝及文藝工作者最為關愛者，更由於他是國民黨多年來最高的文藝主管。因此他的文藝政策觀逐漸匯聚形成政府當局的文藝政策，從而對文藝界產生鉅大的影響。

張道藩自十五年夏由法國學成歸國後，迄二十四年底為止，主要係從事黨務工作。他的踏入文藝界，大約可從二十一年五月四日當選改組後的「中國文藝社」理事開始。「中國文藝社」主要係以首都南京國民黨員中對文藝有興趣幾十位同志為中心組成的，公推葉楚傖為理事長。主要的社員另有方治、王平陵、左恭、鍾天心、徐仲年、華林、繆崇群、鍾憲民等。他們的社刊《文藝月刊》創刊於十九年八月十五日，由王平陵、左恭等主編。《文藝月刊》接受有國民黨中央宣傳部津貼，以鼓吹三民主義文藝為發刊宗旨，由於寫稿者大多為南北著名作家，該刊成為三〇年代中國國民黨辦得最為成功的文學刊物。二十四年十月一日，「中國文藝社」又再改組，分為「文藝月刊社」及新成立的「文藝俱樂部」兩部份。張道藩也透過「中國文藝社」及他自己創立的「中國美術會」、國立戲劇學校認識許多文藝界人士。

二十四年十一月，國民黨改組。次月，張道藩擔任新成立的中央文化事業計劃委員會副主委，主委即是一直最賞識他的黨國元老陳果夫。這是張道藩後來能成為國民黨最高文藝主管的契機。

二十七年三日二十九日至四月一日，國民黨在武昌召開臨時全國代表大會，會中通過確定文化政策的議案。議案是由陳果夫提出，內容則是根據中央文化事業計劃委員會所訂的「文化事業計劃綱要」重新整理而成。而張道藩既是「綱要」的策劃人之一，又是該議案的負責起草人之一。文藝是文化部門的主要一環，其中與文藝有關的綱領共有五條：

（1）要建立三民主義的哲學、文學、及社會科學的理論體系。

（2）要創制發揚民族精神，與國家社會公共生活相應，莊敬正大，剛健和平的樂章。

（3）要實施總理紀念獎金辦法，以策勵文藝、社會科學、自然科學、教育及社會服務的進步。

（4）要設立國家學會，選拔文學、藝術、科學各方面的專家，以獎勵學術研究的深造。

（5）要推廣新聞、廣播、電影、戲劇等事業，以發揚民族意識為主旨。

這是國民黨在大會中正式提出有關「文藝政策」的第一次。再試觀張道藩後來的經歷及事業與此五條綱領倒若合符節。

在武漢期間，張道藩還先後加入四個全國性的文藝社團，並在其間擔負重要事務工作。這四個社團先後是「劇協」、「影協」、「文協」、「美協」。

二十九年四月，「文藝獎助金管理委員會」（簡稱「文獎會」）在重慶成立。該會名義上雖由中央社會部及中央宣傳部等機構聯合設置，但實際上由張道藩負責主持。「文獎會」由中央撥給十萬元基金作為對貧困作家之補助，優良文藝雜誌、著作、作品之獎勵或補助出版發表。「文獎會」開始時，經常以「特約撰述、預付稿費」方式對一些著名作家按月予以補助；在三十一、二年間，又以獎勵出版方式，先後印行《抗戰文藝叢書》五種，如老舍的《劍北篇》（三十一年五月）、吳祖光的《正氣歌》（三十一年六月）、吳組緗的《鴨嘴澇》（三十二年三月）、沈起予的《人性的恢復》（三十二年六月）、洪深的《黃白丹青》（三十二年二月）；又《文學名著譯叢》二種，如徐霞村、高滔合譯的《白癡》（三十二年二月）和韓侍桁翻譯的《哥薩克人》（三十二年八月）。

三十二年秋，「文獎會」經各有關機關決定移歸「中央文化運動委員會」辦理，並正式委派張道藩為主任委員，洪蘭友為副主任委員。

「中央文化運動委員會」（簡稱「文運會」）是國民黨在抗戰中期成立的新機構，是國民黨的最高文化決策機構。「文運會」是三十年二月七日，由中宣部呈准成立的，由張道藩任主任委員，潘公展（後改胡一貫）、洪蘭友任副主任委員，華林任總幹事。

「文運會」成立之職責在領導全國文化運動，並聯繫羅致全國文藝界優秀作家及音樂、美術、戲劇、電影、民間藝術各部門的專門人才，以期集思廣益，為共同之努力。，經「文運會」約聘為委員的人數先後已將近三百人，其中成名耆宿固然很多，青年俊彥也不在少數。

為了具體推動文化運動，實質即為三民主義的文化運動，張道藩在三十二年九月的國民黨五屆十一中全會提出由其擬定的「文化運動綱領」，經大會議決通過公佈實施。嗣後又再擬定「文化運動綱領實施辦法」，於三十四年三月五日經五屆中常會第二七九次會議通過實施。張道藩所苦心策劃推動的文化運動，其實施辦法雖已綱張目舉，但隨著接踵而來的勝利、復員、戡亂，整個國家一直處在動盪不安中，我們後來實在看不到有好的成效。

「文運會」這長遠理想的目標一時雖不易達成，但它的一般性經常工作卻是立竿見影，大家有目共睹的。這些經常性工作主要有：

（1）舉辦各種文化座談會。

（2）應節舉辦戲劇、美術、音樂等各節之慶祝會。

（3）定期舉辦各種文化講座，迄三十四年夏止，已超過一百二十次以上。
（4）定期舉辦文化機關間的聯誼會。
（5）透過中央廣播電臺定期作全國文化動態廣播。
（6）編印刊物及叢書。
（7）獎勵戲劇寫作，從三十二年度起舉辦優良劇本甄選，對錄取之劇本作者致贈獎金，以資鼓勵。
（8）設置文化招待所，款待各地文化工作者來渝短期寄居。
（9）作家動態及書刊出版之調查紀錄整理。
（10）設立資料室，供文友研究參考。
（11）修葺文化會堂，借各團體集會之用。
（12）資助由淪陷區來渝之文化界人士。

上述編印刊物及叢書，可再詳述如下。刊物共有二種，一為《文化先鋒》，三十一年九月一日創刊，由李辰冬主編，先是週刊後改半月刊，迄三十七年九月，出至九卷七期後停刊。一為《文藝先鋒》半月刊，由王進珊、李辰冬、徐霞村先後主編，迄三十七年冬，出至十三卷四期後停刊。叢書名《文化運動叢書》，出過十種以上，主要有1.三民主義之文化運動2.抗戰四年來的文化運動：張道藩、陳立夫等著（上冊，三十年七月；下冊，三十年八月）3.科學化運動：朱家驊、翁文灝等著（三十年十月）4.文藝論戰：張道藩等著（三十三年七月）5.新人生觀與新文藝：李辰冬著（三十四年七月）6.自然與人生：陳正祥著（三十四年六月）等。

以上這些作為想法都是張道藩親身體驗的結晶。此外，當時他在三十一年九月一日出版的「文化先鋒」創刊號上以個人名義發表了長達約二萬餘言的〈我們所需要的文藝政策〉，實有其重大意義在。由發表的時間及內容來看，我們相信這是針對同年五月毛澤東的「在延安文藝座談會上的講話」精心撰寫的。該文除曾收於上述《文藝論戰》一書外，在五十九年七月再由臺北中國語文學會根據修正稿重出單行本。

抗戰到達後期時，國共磨擦又逐漸日趨激烈。文藝團體更是明顯，且多已由左派文化人所掌握。身為「文運會」負責人，張道藩怎能不憂心忡忡，思謀有以抵制。雖然「文協」從二十七年三月創立迄三十三年四月舉行六屆年會時，張道藩一直都是維持理事身份參與活動，但到後來已發覺非另起爐灶不可。三十三年十一月五日，張道藩、潘公展等在重慶即另行發起成立「中國著作人協會」，並請吳敬恆、于右任、張繼、戴季陶、孫科、陳布雷、陳果夫、朱家驊為名譽會員。惟會議開至中途即遭到中共作家夏衍等有計劃的退場，以示抵制。

三十四年十月十日，「文協」在重慶召開理監事聯席會議，認為抗日經已勝利，應將「中華全國文藝界抗敵協會」中「抗敵」兩字取掉，簡稱仍稱「文協」。三十五年一月，張道藩即再連絡一批右派作家，成立「中華全國文藝作家協會」並擔任理事長，與原「文協」分庭抗禮，各別苗頭。

三十八年來臺後，張道藩仍以文藝大家長的身份首先在臺北創設「中華文藝獎金委員會」；不久又發起「中國文藝協會」，繼續為臺灣文藝工作者盡心盡力。

五十五年三月，國民黨九屆三中全會中為適應當前革命任務要求，通過「強化戰鬥文藝領導方案」，增進對於文藝的輔導與服務。張道藩本是該方案審查組的召集人，會後理所當然的擔任新成立的「中央文藝工作指導小組」第一召集人，事實上再度成為國民黨文藝政策的最高負責人。

張道藩的文藝政策觀最後具體而微地顯示在五十六年十一月國民黨九屆五中全會所通過的「當前文藝政策」該案上。這是民國以來我國文藝政策的新里程碑。除了確定文藝的基本目標及創作路線外，更重要的是政府要設立專責的文藝機構作為輔導；政府更要設置鉅額文藝基金，列入預算，作為培養人才，獎勵作品之經費等等。這個具有前瞻性的文藝政策，事實上係透過張道藩的苦心策劃，經大會修正通過的。最重要的是，這個文藝政策並不是開過會後就束之高閣存檔了事，後來的發展正顯示它的正確性與可行性。

最後還要提及的是，作為文藝作家的張道藩，除了前面先後提及的著述外，他生前曾於四十三年四月由臺北文藝創作出版社印行《三民主義文藝論》一書，內容包括實質論、創作方法論、形式論三部份。逝後又承傳記文學出版社於五十七年十月一日印行他自傳的一部份《酸甜苦辣的回味》；中國語文學會於五十八年七月印行他的論文〈我對中國語文的看法〉。

事實上，張道藩生前發表過的許多重要文章，大多散見於南京的《文藝月刊》，漢口的《抗戰戲劇》半月刊、《戲劇新聞》週刊，重慶的《文藝先鋒》、《文化先鋒》及《文藝月刊．戰時特刊》，臺北的《文藝創作》月刊等刊物上。黨史會或文工會如能廣泛蒐輯，儘速出版他的《文集》，則不失為對張道藩的最有意義的紀念。

原載《近代學人風範》第三輯〈但開風氣不為師〉，
民國八十年七月十五日，臺北文訊雜誌社初版。

三、〈張道藩的一生及其對文藝的貢獻〉主要參考著作：

（一）趙友培：《文壇先進張道藩》，民國六十四年六月，臺北重光文藝出版社初版。
（二）教育部：《第二次中國教育年鑑》（四冊），民國三十七年十二月，上海商務印書館初版。
（三）張道藩：《張道藩戲劇集》（七冊），民國四十六年十月，臺北正中書局臺初版。
（四）杜雲之：《中華民國電影史》（上下冊），民國七十七年六月，臺北行政院文化建設委員會初版。
（五）公孫魯：《中國電影史話第二集》，六〇年代初，香港南天書業公司初版。
（六）文天行、王大明、廖全京：《中華全國文藝界抗敵協會資料彙編》，一九八三年十二月，成都四川省社會科學院出版社初版。

（七）藍海（田仲濟）：《中國抗戰文藝史》，一九八四年三月，濟南山東文藝出版社初版。

（八）蘇光文：《抗戰文學紀程》：一九八六年四月，重慶西南師範大學出版社初版。

（九）閻折梧：《中國現代話劇教育史稿》，一九八六年五月，上海華東師範大學出版社初版。

（十）徐迺翔：《中國現代文學辭典㈢．戲劇卷》，一九八九年十一月，南寧廣西人民出版社初版。

（十一）國立劇校：《國立戲劇專科學校成立十週年紀念刊》，民國三十四年九月重慶該校初版。

（十二）文運會：《四年來之中央文化運動委員會》，民國三十四年四月，重慶該會初版。

（十三）張道藩等：《文藝論戰》，民國三十三年七月，重慶中央文化運動委員會初版。

（十四）國立政治大學：《國立政治大學校史稿》，民國七十八年五月二十日，臺北該校初版。

（十五）劉國銘：《中華民國國民政府軍政職官人物誌》，一九八九年三月，北京春秋出版社初版。

（十六）唐沅等：《中國現代文學期刊目錄彙編》（上下冊），一九八八年九月，天津人民出版社初版。

〈張道藩的一生及其對文藝的貢獻〉一文收錄於秦賢次《現代文壇繽紛錄——作家剪影篇》第一七七頁—二〇九頁，二〇〇八年一月，秀威資訊科技股份有限公司初版。

血歷史177　PC0869

新銳文創
INDEPENDENT & UNIQUE

酸甜苦辣的回味：
文藝鬥士張道藩回憶錄

原　　著　張道藩
主　　編　蔡登山
責任編輯　石書豪
圖文排版　林宛榆
封面設計　劉肇昇

出版策劃　新銳文創
發 行 人　宋政坤
法律顧問　毛國樑　律師
製作發行　秀威資訊科技股份有限公司
114 台北市內湖區瑞光路76巷65號1樓
電話：+886-2-2796-3638　傳真：+886-2-2796-1377
服務信箱：service@showwe.com.tw
http://www.showwe.com.tw
郵政劃撥　19563868　戶名：秀威資訊科技股份有限公司
展售門市　國家書店【松江門市】
104 台北市中山區松江路209號1樓
電話：+886-2-2518-0207　傳真：+886-2-2518-0778
網路訂購　秀威網路書店：https://store.showwe.tw
國家網路書店：https://www.govbooks.com.tw

出版日期　2020年2月　BOD一版
定　　價　240元

Printed in Taiwan

國家圖書館出版品預行編目

酸甜苦辣的回味：文藝鬥士張道藩回憶錄 / 張道藩原著；蔡登山主編. -- 一版. -- 臺北市：新銳文創, 2020.02
面；　公分. -- (血歷史；177)
BOD版
ISBN 978-957-8924-84-0 (平裝)
1.張道藩 2.回憶錄

783.3886　　109000213

讀者回函卡

感謝您購買本書，為提升服務品質，請填妥以下資料，將讀者回函卡直接寄回或傳真本公司，收到您的寶貴意見後，我們會收藏記錄及檢討，謝謝！如您需要了解本公司最新出版書目、購書優惠或企劃活動，歡迎您上網查詢或下載相關資料：http:// www.showwe.com.tw

您購買的書名：________________________________

出生日期：________年________月________日

學歷：□高中（含）以下　□大專　□研究所（含）以上

職業：□製造業　□金融業　□資訊業　□軍警　□傳播業　□自由業

□服務業　□公務員　□教職　□學生　□家管　□其它____

購書地點：□網路書店　□實體書店　□書展　□郵購　□贈閱　□其他

您從何得知本書的消息？

□網路書店　□實體書店　□網路搜尋　□電子報　□書訊　□雜誌

□傳播媒體　□親友推薦　□網站推薦　□部落格　□其他________

您對本書的評價：（請填代號　1.非常滿意　2.滿意　3.尚可　4.再改進）

封面設計____　版面編排____　內容____　文／譯筆____　價格____

讀完書後您覺得：

□很有收穫　□有收穫　□收穫不多　□沒收穫

對我們的建議：________________________________

____

____

____

請貼
郵票

11466
台北市内湖區瑞光路 76 巷 65 號 1 樓
秀威資訊科技股份有限公司 收
BOD 數位出版事業部

....

（請沿線對折寄回，謝謝！）

姓　　名：＿＿＿＿＿＿＿＿　年齡：＿＿＿＿　性別：□女　□男

郵遞區號：□□□□□

地　　址：＿＿＿＿＿＿＿＿＿＿＿＿＿＿＿＿＿＿＿＿

聯絡電話：(日)＿＿＿＿＿＿＿＿(夜)＿＿＿＿＿＿＿＿

E-mail：＿＿＿＿＿＿＿＿＿＿＿＿＿＿＿＿＿＿＿＿